FENICS

Fieldworker's Experimental Network for
Interdisciplinary CommunicationS

100万人のフィールドワーカーシリーズ

フィールドの見方

2

増田研・梶丸岳・椎野若菜 編

古今書院

２巻のフィールドワーカーの調査地

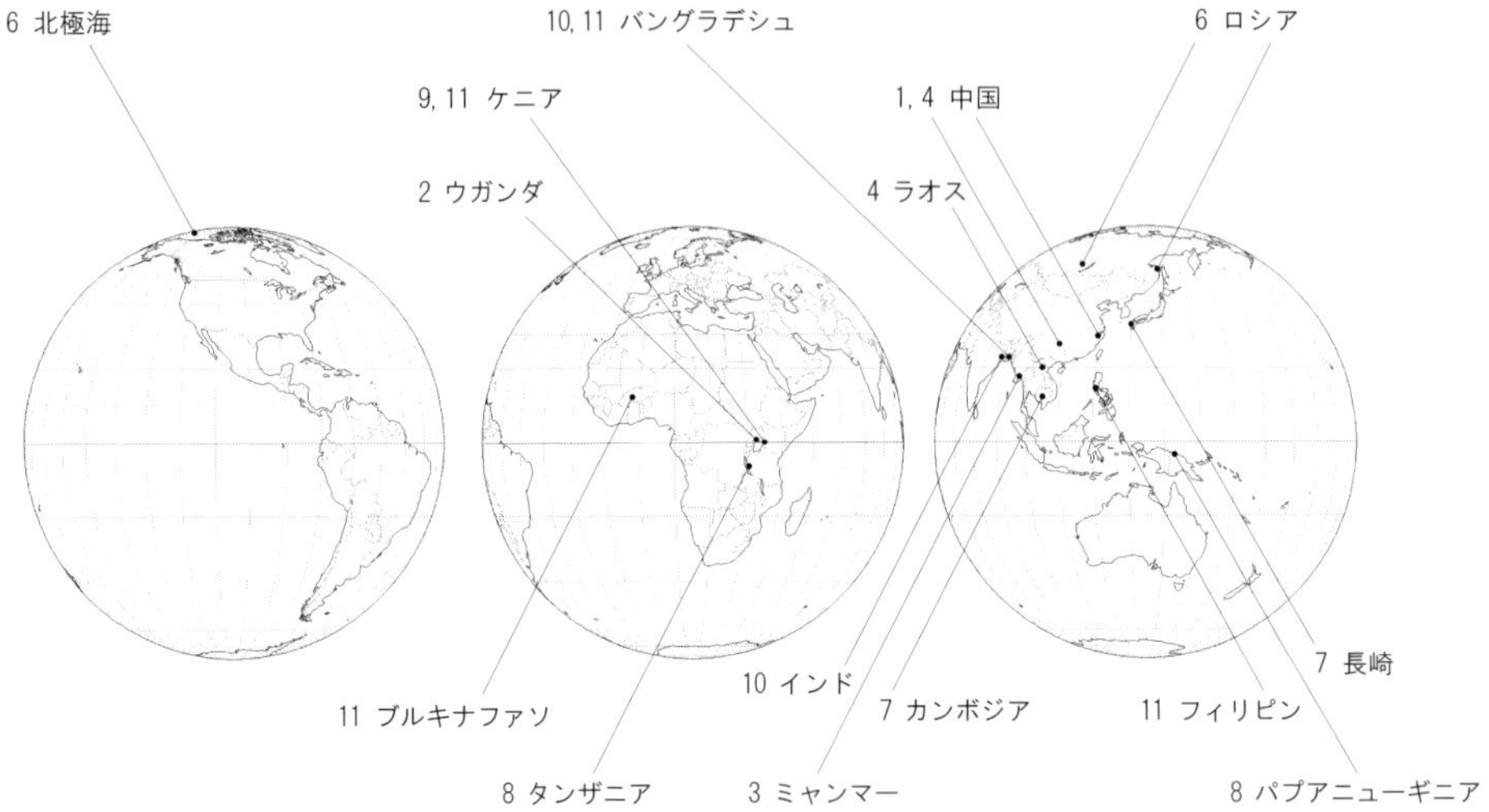

Million Fieldworkers' Series vol. 2

Looking into the field:
from the view of various disciplines

Edited by Ken MASUDA, Gaku KAJIMARU
and Wakana SHIINO

Kokon-Shoin Publisher, Tokyo, 2015

FENICS

100万人のフィールドワーカーシリーズ 創刊にあたって

フィールドワークは、世界中に自らおもむき世界を探究する方法である。現在日本にはさまざまな分野でフィールドワークを行うフィールドワーカーたちがいる。彼らは世界中で得難い経験を積み重ねてきた。だが、その経験は残念ながらあらゆる分野や学界・産業界の壁を越えて広く伝わっているとは言い難い。

このシリーズを企画したのは研究者フィールドワーカーたちが立ち上げたグループFENICS(Fieldworker's Experimental Network for Interdisciplinary CommunicationS：NPO法人)である。フィールドワークに興味がある人、これからフィールドワークをしたいと思っている人、ほかの分野のフィールドワークの知識や技術を学びたい人、フィールドワーカー同士で役立つ情報を交換したい人すべてに、私たちの経験を届けたい。そんな思いをもつ私たちの活動に賛同してくださった古今書院の関秀明さんのバックアップにより、15巻に及ぶ、あらゆる分野を横断するフィールドワーカーシリーズが発刊される運びとなった。

私たちFENICSは、フィールドワークの方法や視点、思考を互いに学び議論しあい、また地域に特有な情報、経験知などを交換したい、と活動し始めた。立ち上げにかかわったのは自然地理学、雪氷学、地球化学、社会−文化人類学、人類生態学、民族植物学、地域研究といった、まさに分野を横断するフィールドワーカーたちだ。人が人をつなぐことで出会った私たちは、それぞれのフィールド話、研究活動の話に湧き、ネットでは得られない情報を、そして生きるエネルギーをお互いもらってきた。この知的興奮を、研究者の世界だけに閉じず、もっと多くのフィールドワーカー、さらに外の世界に関心のある産業界をはじめ幅広い方々に伝えたい。そしてFENICSの輪に入ってもらい、ともに経験したい。そうすればフィールドワーカーの計り知れない豊かな経験知があらゆる分野、業界につながり新たなもの／モノを作り出せるのではないか——。そんな希望を、私たちは持っている。

本シリーズは、まさにそのはじまりである。フィールドワーカーになりたいあなた、他分野から異なる発想を得たいあなたも、ぜひFENICSのムーヴメントに参加しませんか（くわしくは巻末の奥付とカバー折り返しをごらんください）。

FENICS代表　椎野若菜

Part Ⅲ

分野をまたぐ

イントロダクション　フィールドの見方

増田 研・梶丸 岳・椎野若菜

料理好き、二つのタイプ

まずは料理の話から始めよう。

料理好きな人には、じつは二つのタイプがあるという。「レシピ派」と「あり合わせ派」である。これらのタイプをかなり戯画化して描写すると次のようになる。

レシピ派の最右翼は、レシピが要求するものを購入し、鶏肉50グラムとタマネギ30グラムをきっちり計量し、調味料を順番通りに混ぜ合わせて親子丼を作る。準備は入念に、きちんと計画通りに作ることで予測可能な（あるいは「ねらい通りの」）夕飯をこしらえる。あり合わせ派は計量もしないし、レシピも見ない。経験的に身につけた計量と味付けの勘にしたがって調理する。そもそも、ある特定の料理をねらって買い物をするのでなく、食材調達は「店に入って、美味そうなものが目についたら買う」。買い物をしなくても、冷蔵庫のなかの在庫を見てからメニューを考えればいい。

どちらの派閥に属していようが、結果的に栄養が摂れて美味いものであればよいのである。ただ、レシピ派は計画が頓挫したとき（今日に限って、もも肉が売り切れている！）

の立ち直りが遅く、あり合わせ派には作りすぎや失敗のリスクがつきまとう。
さて、あなたはレシピ派のフィールドワーカーだろうか。それともあり合わせ派？

本書のテーマは「フィールドの見方」である。フィールドワーカーにとっては、フィールドこそが発見の宝庫、知の源泉である。だが同時に、フィールドは戦いの現場であり、かつ悩みの宝庫でもある。

フィールドワーカーはなぜ悩みながら、あたかも戦いを挑むかのようなフィールドワークに赴くのか。もちろん「何かを発見したいから」である。本書が問題とするのは、この「何か」がどういうものかということと、それを「どのように」発見するのか、という点になる。ここでいう「何か」とは研究対象や問題意識のことであり、「どのように」というのはいわば調査手法に該当する。

本巻ではそうした「対象」と「手法」を合わせたフィールドワーカーのアプローチを総称して「見方」と呼ぶ。回りくどい書き方をしたが、要するにこういうことだ。

「同じものを見ていても、見たいものが違えば、見方も変わってくる。」

東京という大都会を歩いてみたって、そこに江戸の名残を求める人もいれば、災害の芽を摘み取ろうとする人もいるし、思いのほか坂道が多い都会の姿に高齢者の足腰の負担を懸念する研究者だっているだろう。

学問分野が違うということは、畢竟、こういうことなのだ。そしてちょっと困ったことに、本巻では（あるいはこのシリーズでは）理系も文系も分け隔てなく「フィールドワーカー」としてまとめてしまっている。そのあたりを整理してから本巻の内容紹介に移った方がよさそうだ。

川喜田二郎の三つの科学

「ＫＪ法」で知られる川喜田二郎はその著書『発想法』（１９６７年）において、科学は三つに分類されると唱えた。すなわち書斎科学、実験科学、野外科学である。フィールドワークはもちろん「野外科学」にあたる。

川喜田が「野外科学」という言葉を用いるまで、大学での学問分野には従来からある「文系と理系」という区別のほかに、「実験系と非実験系」という区別があった。後者は予算の配分のときに聞かれた言葉で、実験系は機材や設備が必要だから床面積も予算もたくさん必要だとされていたし、「実験系」が予算をたくさん取るのは当然だとみなされていた。

驚くべきは、この実験系／非実験系という区分が、21世紀まで強く残り続けた（残り続けている）ことである。川喜田二郎が第三の分野に「野外科学」という名前を与えたのが１９６０年代であるから、いかにフィールドワークが日本の教育機関において軽視されてきたかがわかるだろう。おそらく理科系学問分野においても、フィールドワークは実験（「これこそが科学！」）のネタ集めくらいにしか思われなかったのではないか。

川喜田が「野外科学」という分類を与えるまで、フィールドワーカーは敢えて言えば実験系に分類されていたという。だが、野外科学と実験科学の違いは単にデータを集める場所が実験室の中か、あるいは外か、という点だけではない。川喜田によれば、実験科学は、実験室のなかに余計な夾雑物をはさまない「純粋な自然」を作り上げて、そのなかで仮説を検証するものである。それにたいして、野外科学は「ありのままの自然」、つまり現場において発想を得るためのものだという。

三つの科学は、それぞれ別個に成立するものではない。フィールドワーカーのなかには、フィールド（現場）に赴くことで実験科学のような科学を実践する人もいる。そういう研究者にとっては、最終的にはサンプルを持ち帰って実験室で分析・解析作業をすることが不可欠となるが、それでも、現場に行かなければサンプルは得られないという「不可避のフィールドワーク」を実践することになる。いわゆる人文社会系の研究者にとっては、フィールドと書斎の往復こそが知の深化をもたらすという場合が少なくない。すくなくとも「フィールドで何かを発見すること」がそのまま学問的営為のすべてではない。

本書の構成

Part Ⅰ「見に行く、探しに行く」は、植物と言葉という二つの対象に向かう、まったく異なる「見方」を組み合わせた。奥山「植物との出会いを求めて旅する」は、植物学者による植物採集という、まさに植物研究の王道をいく調査が描かれる。「チャルメルソウの花にミカドシギキノコバエがやってくる」という現象を知りたければ、チャルメルソウが生育している現場にはりつくしかない。それにたいして佐藤は、バナナと人の関係を探るという民族植物学の、文理融合的なアプローチを紹介する。どちらも、その調査の基礎段階には「標本を作る」というプロセスがあるが、植物そのものを見たいのか、人の方を見たいのかによって、そこから先の「見方」はがらりと変わる。

同じことが、続く二つの章についても言えるだろう。大塚と梶丸のアプローチは、ともに言語を対象としているものの、やはりそこで「見たいもの」は異なるのだ。大塚は語彙も文法も知られていない言語の文法や語彙を把握する記述言語学の方法を紹介する。記述言語学の調査では、聞き取り調査や物語、会話などの録音を通して、できるだけたくさんの単語や表現の例を集める。それから、その例を材料に言語の音や文の組み立て方の特徴をあぶり出していく。

言語学者である大塚に対して、梶丸は人類学者である。梶丸が対象とする「歌の掛け合い」を調査し、分析するための理論的枠組みはない。そのため彼はまずは歌の書き起こしと歌の掛け合いを取り巻く状況についての調査に専心するが、やればやるほど大塚のような記述言語学に近くなっていく。言語学者ではない梶丸はそうして、言語学と人類学のはざまに位置するような「コウモリ的」フィールドワークをするようになるのだ。

Part II「掘る、集める、拾う」では、主として物質サンプル収集のフィールドワーク実践例を集めた。紹介されるのは土中の有機物、極域の海水、そして近世の陶磁器片といったサンプルであり、採集も分析もそれぞれまったく異なる方法をとるが、共通しているのはいずれも共同作業であるということだ。

國木田はロシアにおける考古遺跡の年代測定を専門とするが、「送られてきたサンプルを実験室で分析する」のと、実際にフィールドに出向き、多様な専門分野を持つ人びととともに発掘作業に従事するのとでは大きな違いがあるという。フィールドワークをともに行うという、同じ経験に基づく問題意識の共有が生み出すポジティブな側面に目を向けているといえよう。

舘山もまたサンプルの分析を主な研究方法とするが、そのために欠かせない「観測」というフィールドワークと、それを支える船上の共同生活を描く。舘山が集めるのは北極の海水や氷、プランクトンなどのサンプルと、それをとりまく（水深や海水温といった）環境データである。サンプルやデータを集めるための乗船期間は数カ月になるが、その間、舘山は多数の船員や共同研究者たちとともに過ごすのである。これもまたひとつのフィールドの「見方」であるといえよう。

國木田と舘山に共通しているのは、研究の主たる方法が川喜田のいう「実験科学」であるにもかかわらず、その前段階の「野外」の部分に大きな力点が置かれていることである。その点では、近世考古学者の野上の「見方」は、野外での発掘と、研究室での整理作業をまたぎ、さらには文献情報との照らし合わせ（すなわち書斎科学）をもカバーしている。

野上は世界各地で出土する日本製陶磁器を追いかけ、江戸期のグローバルな人とモノの流れを描く研究をする。そのために欠かせないのが遺跡の発見と発掘であるが、その遺跡は時として陸上のみならず、水中にも及ぶという。ここで紹介されているのはいずれも発掘の現場の事例（失敗例も含めて）であるが、重要なのは集められた資料を整理し、観察し、時には文献の情報を突き合わせ、そして想像することであるという。

Part Ⅲ「分野をまたぐ」では、主として保健や健康に関するフィールドワークを取り上げているが、特徴的なのは、一人の研究者のなかに複数のディシプリンが必要とされる局面が多いことであり、実際ここで自らを紹介する執筆者たちは、結果として分野をまたいだ経歴を持つことになっている。

塚原はパプアニューギニアにおけるマラリアの疫学調査を紹介するが、自身は霊長類学の博士課程に進みながら医学に転向し、フィールド医学の実践のなかで必要に応じて人類学や経済学にも手を出すことになった。いわば「ひとり学際研究」である。

駒澤は医師として日本の病院で働いてきた経験と照らし合わせながら、熱帯医学を志しケニアのとある小島で調査に従事したときの「見方」のゆらぎをつまびらかにしている。フィールドの人びととのやり取りや、他の研究者のフィールドでの振る舞いを経験し、多様なフィールドの「見方」を体得したことが、医師として欠かせない「全人的医療」の実践につながるかもしれないという希望につながる。

坂本はバングラデシュにおける調査の経験を語る。坂本の専門は土木計画学であるから、いわば「レシピ派」の最右翼とでも呼べる分野に属している。坂本の調査課題は井戸水のヒ素汚染問題であり、とりわけ、ヒ素に汚染されたと知りつつも人びとがその井戸を利用し続ける理由を明らかにすることで、問題の解決につなげようという実践を視野に入れている。土木計画の専門家が、フィールドで「うろうろすること」の意義を考え、必要に迫られて文化や経済さらには建築学的な視点を導入するようになった経緯が明かされる展開はスリリングである。

最終章の増田が紹介するのは、国際的な取り組みが数多く実践されている国際保健の分野である。医学や疫学が卓越する国際保健の教育課程に参画したことが、社会人類学者である増田を困惑させる。そのプロセスと、実際の調査事例の紹介を通して、国際保健と人類学の関係を「ツンデレ関係」というキータームで考えようとする。

同じものを見ていても、見たいものが違えば、見方も変わってくる。

「何を見たいのか」によって研究者のフィールドとのかかわり方は変わってくるし、とりわけフィールドワークは多様な制約によって左右されるから、純粋な実験科学の条件、すなわち反復の原則、無作為化の原則、局所管理の原則を完璧に満たすことなどできない。そうした制約のなかで、可能な限り再現性と代表性の高い結果を得ようとして、研究者はあらん限りの「見方」にトライする。結果として、そうした「見方」は学問分野の違いを反映することになるが、本書を読めば、何学であろうと、意外に同じようなことをしている、あるいは、同じようなことにつまづいているということがわかるのではないだろうか。

本書に収録されたフィールド経験の多くは、フィールドワーカーは、「レシピ派」と「あり合わせ派」の間を揺らいでいる。総じて言えるのは、フィールドワーカーは、たとえレシピを持参していても、結局は現場で調達できる食材はレシピ通りにはそろわないし、むしろ、そこにある食材をあの手この手で入手して、そこでしかできない料理を生み出すことに喜びを感じているらしい、ということだ。

そこに、学問分野の違いを超えた対話の地平が広がっていることを読み取ってもらえれば幸いである。

この世には、自分がやっている学問的「見方」以外のなんらかの「見方」があるなんて考えたこともないし、知ろうともしない、そういう研究者がいることはたしかである。しかし、フィールドワーカーであればそんなふうには考えないだろう。読者が、自らの経験と照らし合わせながら、あるいは、これから訪れるであろう学問的出会いに思いをはせながら本書を読んでくれれば、これは編者としてこのうえない喜びである。

Part 1

見に行く、探しに行く

植物を探しに行く、言葉を探しに行く。いずれも根気のいる地道な作業の末に、大きな発見の喜びがある。▲奥山は植物学の王道を行く、地道な探索、観察、採集、標本作製のプロセスを描く。一方、佐藤は植物の調査と、人びとの生産・消費活動の聞き取りを組み合わせた民族植物学のアプローチを紹介する。異なる学問分野ながら、調査の基礎部分が共通するのに気づくだろう。▲大塚は聞き取りを通して言語の文法や単語などを記述するなかで、社会や文化に目を見開かされていく。梶丸は掛け合い歌という文化の調査のために、歌詞の詳細な記述を行う。調査の目的は異なるのに、ここでもやはり「見方」の展開に類似性があるのは興味深い。

1 まだ見ぬ宝を求めて

植物学の眼で旅する世界

奥山雄大
OKUYAMA Yudai

新しい植物との出会いに駆り立てられて

植物学を専門的に学び始めて、気がつけば十数年、なるべく多くの植物に出会いたい、という一心でいくつかのフィールドを旅してきた。人に自慢できるほど多くの場所を巡ったというわけでもないが、短い一生の間に出会うことのできる植物の種数はどの程度であろうか。そもそも、私はなぜ植物との出会いに駆り立てられるのだろうか。

インターネットやその他の情報が氾濫している現代では、モニターの前や図書室で、かなりの植物の姿を「観る」ことはできる。しかし、それだけではとても満足できない。その本来の生育環境で植物がどのように息づいているのか、どのような香りを放ち、どのような手触りなのか、こういったリアルな感覚は、現地を訪れなければ得られない、私にとってかけがえのない「生きる目的」に違いない。

植物の生き様に秘められた物語

そう書き出しておいて何だが、生まれつきの生き物好きであった私（とくに昆虫が大好きだった）が当初、まったくと言っていいほど関心をもてなかったのが植物であった。植物には一見動きがないため、およそ「生き物らしくない」からである。

それが一転、最大の関心対象となったきっかけは、大学での恩師加藤真先生の講義であった。先生の静かだが情熱的な口調から語られる、植物と昆虫との間で繰り広げられる驚くべき物語（ナチュラル・ヒストリー）の数々。学ぶにつれ、植物が魅力的な生き物であることを強く実感するようになった。

植物は、自らが地面に縛られて動けない分、信じられないような方法で他の生き物との駆け引きを行い、したたかに生きている。植物のさまざまな姿かたちは、そのような生き物とのさまざまな関係を反映したものなのに、その中身はまだまだわかっていないことだらけである。そこで、私は33万種あまりが現生するといわれる植物の多様性すべてを取り扱う、植物進化学あるいは植物分類学と呼ばれる分野の道を歩み始めたのである。

植物学は、生物学のなかでも植物を扱うもの全般を指す。とくに植物分類学は「地球上に息づくさまざまな植物種は、そもそもどんな姿をしていて、どんな場所にどのように生きているのか?」、また植物進化学は「これらの植物が、どのような歴史、環境、生物学的要因によって今日の多様な姿や生き方を進化させるに至ったか?」を明らかにする学問である。このような研究の材料として最も重視されるもののひとつが標本であり、したがって標本採集は植物分類学者の日常的な営みといえる。標本は、ある植物がいつ、どこに、どのような状況で生えていたかを示す物的証拠であるからだ。また実際に多様性が形づくられる仕組みを理解するためには、進化学の基礎に加えて遺伝学や生態学の知識、そして何より生の植物を見分け、多様性を認識する能力、すなわち「植物学の眼」が要求される。これらについては日頃からのトレーニングが重要となる。

チャルメルソウという植物での発見

具体的なイメージをもってもらえるように、まず簡単に私の研究の話をしよう。花を咲かせ、受粉し、実を実らせる。これは植物が子孫を残すのに欠かせない、文字通り最も華々しい局面である。現生の陸上植物の9割の種は花を咲かせる被子植物であり、そのなかでも過半数は、動物が花粉を運び、受粉の仲立ちをする（送粉）。花は人間の目を楽しませるために咲いているわけではなく、これら花粉を運ぶ動物（送粉者：昆虫が多いが、しばしば鳥であったり、小型の哺乳類であったりする）をターゲットに進化した器官なのである。ある地域にはさまざまな種類の花が咲いているのがふつうであるため、同種の別個体間で花粉の受け渡しを行うのは容易なことではない。したがって花が多様なのは、第一にはそれぞれ特定のパートナーに確実に送粉を担ってもらうためであると考えられている。

しかしどんな花がどんな動物をパートナーとしているかについては、植物の研究の長い伝統がある日本においてさえ充分にわかってはいない。これはひとつには植物と昆虫の双方の知識が必要なことが原因であるし、さらに忍耐強い長時間の観察を要求するからでもある。そんななか、私が興味をもったのがチャルメルソウという植物であった（写真1）。チャルメルソウの仲間は、ほぼ日本でだけ13種あまりに多様化した興味深い植物で（日本列島の

写真1　チャルメルソウの自生地での姿

植物相は大陸と深い関係にあるため、日本独自に多様化を遂げている植物というのはかなり珍しい)、小さくて地味ではあるが、よく見てみると、とても奇妙な花の形をしている(写真2)。いったいこの花の形はどのような送粉者に対して進化したものなのだろうか。

ふと興味を覚えたこのテーマを膨らませ、とりあえずちょっとした観察研究を始めたのが幸いした。奇妙な花の姿にはやはり、これまでにまったく知られていなかった昆虫との関係が隠されていたのである。チャルメルソウの花には、ミカドシギキノコバエというこれまでまったく生態が知られていなかった「珍しい」昆虫だけが訪れ、花粉を運んでいた(写真3)。チャルメルソウとほぼ隣り

写真2　チャルメルソウの仲間の花

左上から順に,(上段)コチャルメルソウ,コシノチャルメルソウ,チャルメルソウ,ミカワチャルメルソウ,(中段)モミジチャルメルソウ,タキミチャルメルソウ,シコクチャルメルソウ,ツクシチャルメルソウ,(下段)トサノチャルメルソウ,ヤマトチャルメルソウ,オオチャルメルソウ,タイワンチャルメルソウ.

写真３　チャルメルソウの花を訪れたミカドシギキノコバエ

写真４　コチャルメルソウの花を訪れたクロコエダキノコバエ

合わせてしばしば、コチャルメルソウといったほかの種が咲いていることがあるが、こちらには別のキノコバエ、クロコエダキノコバエがやってくることも明らかになった（写真４）。チャルメルソウの仲間はそれぞれ花から何らかの信号を出して（特殊な匂いであろうと考えられる）、特別なパートナーとコミュニケーションをしているのである。

さて、このような花と送粉者との関係の研究が大変興味深く、また難しくもある点は、対象の植物が実際に自生している環境でなければその本来の関係性を観察することができないことにある。たとえばチャルメルソウ自体は簡単に栽培できるが、私が勤務している筑波実験植物園のなかに植栽されているチャルメルソウの花をいくら眺めていてもミカドシギキノコバエが訪れることはけっしてない。送粉に限ったことではないが、植物の生き様を知るためには、どうしても自生地での調査が必要なことがわかってもらえるかと思う。

植物を覚える

さて、この花は鮮やかな色だからチョウが好きなのではないか、この花は夜咲くからガがやってくるのだろう、そうするとこの変な花は信じられないような昆虫を誘っているのかもしれない、というようにそれぞれの生き様に想像を膨らませながら植物を覚えるのは大変楽しい。そのときに役立つのは、まちがいなく植物図鑑である。幸いにして、日本には素晴らしい植物図鑑が充実しており、それでいて世界的にも植物の多様性が高い地域であるため、図鑑で見てみたい「憧れの植物」をいくつかしっかり覚え、フィールドでその植物を探しながら他の植物も覚える、といったことを繰り返せば植物の多様性の全体像がかなりつかめるようになる。

フィールドで目の当たりにした植物の知識をより強固なものにする手段として、標本づくりとスケッチも薦めたい。とくにスケッチではふだん見過ごしてしまうような植物の特徴をしっかり確認することになるため、植物を見分ける目を養う手段としてこれほど有力なものはないだろう（図1）。

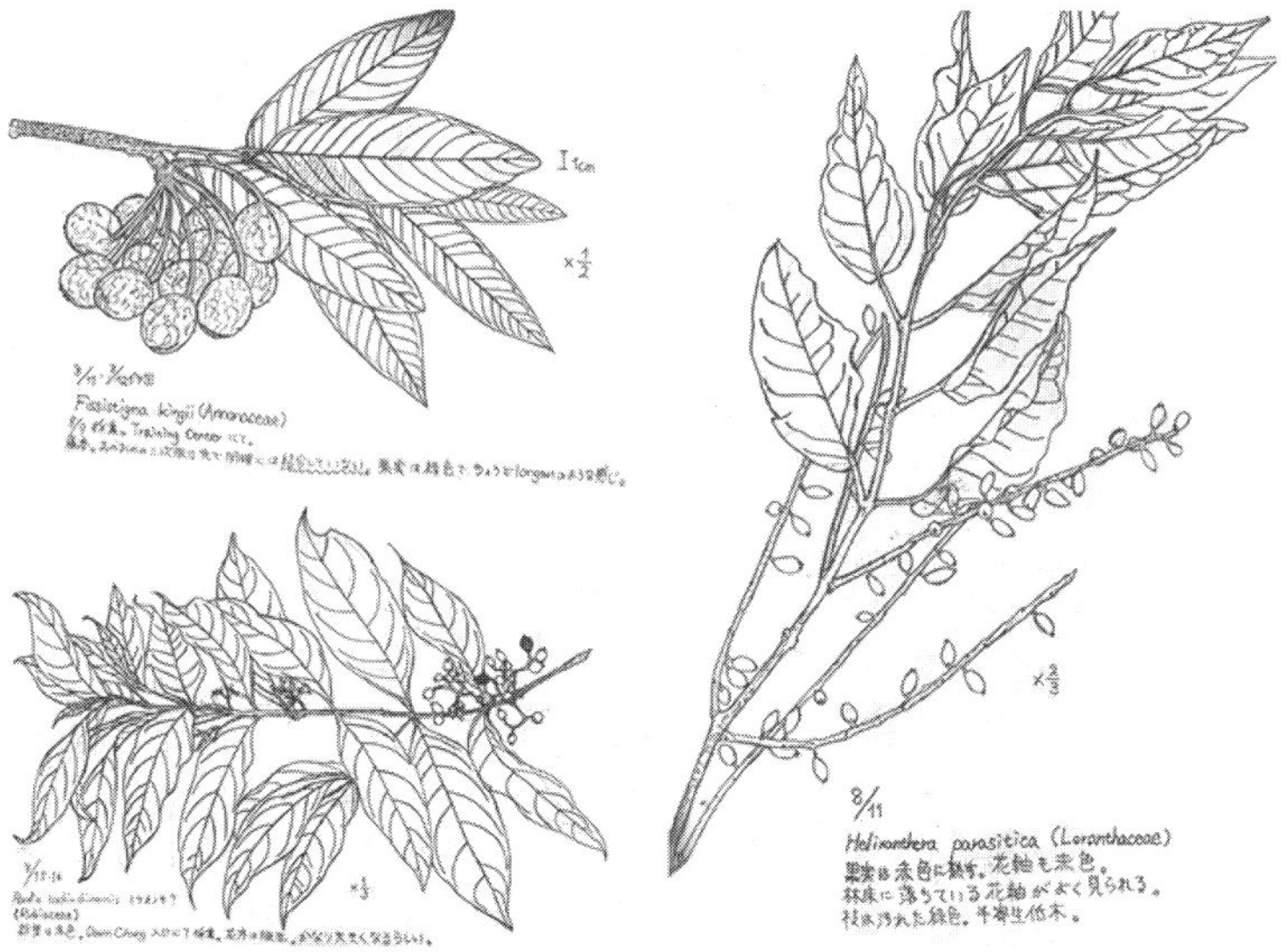

図1　私が学生時代に描いたタイ，カオヤイ国立公園の植物のスケッチ
左上はフィッシスティグマ属の1種（バンレイシ科），左下はミサオノキ属の1種（アカネ科），右はヘリザンテラ属の1種（オオバヤドリギ科）.

世界には、日本の植物からは想像もつかないような奇抜な姿をした植物も数多《あまた》ある。この際に役立つのは、(植物園の職員としては手前味噌になるが)やはり植物園である。たとえば筑波実験植物園では、世界の植物の多様性をなるべく網羅することを目指して8000種を超えるコレクションを保有している。私自身、まだ筑波実験植物園でしか見たことがない植物というのがたくさん存在する。このように、日本の野山ではけっして見られない植物を、生きた姿で見ることができる植物学のトレーニングの場として、植物園の価値は高い。

さらに踏み込んで植物を学ぶ場所としては、やはり大学や博物館の標本庫を外すことはできないだろう。標本庫には、過去の植物学者がフィールドで目のあたりにした植物の実物が、押し葉という形で大量に集積されている。ややハードルは高く感じられるかもしれないが、明確で公共性が高い目的があれば、職業研究者以外でも大学や博物館の標本閲覧を行うことは可能なので、選択肢として提示しておきたい。

事前の調査

遠方、とくに海外のフィールドでは土地勘も働かず、また生物相や環境のイメージもなかなかつかめないため、事前準備なしに現場で植物を探しながら動くのは効率が大変悪い。そこで地域の植物相(フロラ)の予習がとても重要になる。これに役立つのは、やはりその地域の標本庫の標本調査、それから地域のフロラをまとめた文献調査である。とくに欧米や台湾といった「分類学先進国」においては、標本情報がインターネット上で閲覧できるように整備されており、これらを事前に調べておくことで目当ての植物に出会える確率はぐっと上がるだろう。また、中国や北米(アメリカ合衆国+カナダ）などでは、それぞれの植物誌（Flora of China, Flora of North America）の電子板がウェブ上でも閲覧可能であり、事前に地域の植物相のイメージを掴むのに有用である。
もちろん、現地の事情に詳しい研究者やアマチュアと連絡を取ることも重要である。とくに、言語が通じない地域で調査する際には、地元の信頼の置けるガイドが必要不可欠である。

植物を観察する

さて、そうして事前準備万端でフィールドに赴くわけであるが（実際はそれほど準備万端でないことも多いが、準備はしっかりするに越したことはない）、植物に出会ったあとに行うのは、もちろん観察と採集である。多くの植物学者は植物を観察するのにあまり時間をかけず、効率よく採集しながら移動するというスタイルを取ることが多いが、私の場合は、花にどのような昆虫がやってくるかを観察するのが目的のひとつであるから、ひとつのフィールドでの滞在時間を長くとることも時には重要である。

かつては一カ所に朝から晩までじっと座って、虫が訪れるのを待つというやり方をとることも多かった。植物の前でただじっと何時間も待っているというのは、ときに大変な苦痛である。もう10年も昔の話になるが、北海道の雨竜沼湿原でエゾノチャルメルソウという植物の花の前に座っていたときは、次々と襲いかかる蚊とブヨの猛攻から身を守るのがとにかく大変だった。何せ、目の前の花の観察が目的なのでそこから逃がれるわけにはいかない。それに、昆虫を待っているわけであるから虫除けを使うわけにもいかない。全身を厚手のレインウェアーで覆い、フードもするが、敵は容赦なく顔めがけて猛攻撃をかけてくる。仕方なく私が取った対抗手段は、顔の前で何度も柏手を打つように飛んで来る敵を叩き潰すという、端から見たら怪しすぎる動作の繰り返しであった。北海道は地上最強のモンスター、ヒグマの徘徊エリアでもある。また昆虫は夜やって来るものもあるかもしれないが、夜観察を続けるというのも多くの場合事実上不可能である。このように、はっきりいって、植物の前で直接観察するというのは効率も悪いし、危険もともなう営みであった。

ところが、最近になって画期的な技術革新があった。防水デジカメのPENTAX WGシリーズ（現在はリコー）の登場である。岐阜大の川窪伸光先生に教えていただいたこのカメラ、1台3万円程度と比較的安価でありながら、完全防水という優れもので、なかでも「インターバル撮影」という機能が画期的である。これは、設定した時間間隔で自動撮影を行うという機能で、たとえば2分間隔で設定すれば、ほぼ一昼夜、無人で目の前の被写体を撮影し続けてくれる。しかも完全防水であるから、途中で雨が降ろうが風が吹こうがおかまいなしだ。これで、危険だったり精神的・体力的にキツかったりする観察は、このカメラにある程度任せてしまえるようになった。ちなみにこのカメラには、ゴリラポッドという自在に脚が折れ曲がるミニ三脚を取りつけると、とても使いやすいのだが、そうしてできあがる姿はさながら研究代行ロボットのようである（写真5）。私たちはSFが現実化した世界を生きている。

標本をつくる

植物調査の要である採集についても述べておこう。多くの植物調査においては、観察よりも採集に重点が置かれる。採集した植物は当然標本にしなければならず、植物の標本とはふつう、押し葉標本のこと

写真5　ミニ三脚（ゴリラポッド）に取りつけた防水デジカメ（ペンタックスW90）

である（かさばらずに軽い）。植物の立体的な構造を残したい場合には，液浸標本をつくることもある。

それでは植物の採集とは，何を採ればいいのだろうか？ 答えは，「花が咲いていたり，実がついているものは何でも」である。もちろん特定の植物が目的である場合はそちらを重点的に採る場合もあるが，後にその標本を調べる人が採集者の植物調査を追体験するという意味では，余裕があればなるべくいろいろ採るのが望ましい。

フィールドで花や実のついている植物を見つけたら，樹木であれば葉の付き方，花や実の付き方がわかるように，草本であればサイズが許す限り根から掘り採るのが基本である（ただし，植物保護の観点からは根を掘らず，現地で植物が再生可能なように一部だけ採ることが望ましい場合もある）。標本は新聞紙半面のサイズに納めるため，適宜折り曲げたり，トリミングをしたりして新聞紙に挟んでいく。ちなみに新聞紙は日本の新聞紙をたくさん現地にもっていき，半分（一面分）に切って利用する。フィールドでは野冊という採集道具を携帯し，ここに採集した植物を挟んでゆくが，アメリカの Herbarium Supply Co. という企業から販売されている“FIELD PRESS”というナイロン製の野冊かばんが大変便利である。

さて，植物調査旅行の一日はなかなかハードなもので，日の出ているうちにはフィールドで採集，夜はその標本を1～2枚ずつ段ボール板に挟んで積み上げ，布団乾燥機で乾燥させる（写真6）。電力供給がない地域で採集した際には，自家発電機で乾燥機を動かしたこともあっ

写真6　押し葉標本の乾燥作業
調査現場で布団乾燥機を用いて押し葉標本を乾燥させる．作業しているのは調査隊リーダーの國府方吾郎さん（左）と同調査隊の中村 剛さん（右）．フィリピンにて．

た。これは、採集した植物はなるべく速やかに乾燥させることでより研究上価値の高いものに仕上がるためである。乾燥機がない場合は、キッチンペーパーなど吸湿性のより高い紙を植物と新聞紙の間に挟むやりかたもある。

中国浙江省の植物

さて、この原稿を書いている途中に行った中国での調査の様子について、少し紹介しよう。今回調査した中国浙江省は、ちょうど日本の北海道・本州・四国・九州の並びを西側に延長した先にあり、日本のユニークな植物相の成り立ちを理解するうえでとても重要な地域であると考えられる。中国本土を旅したのは今回が初めてだったのだが、そのような不慣れな土地で調査をするにあたっても、日頃の日本での植物の知識が役立った。当然だが、地理的に日本と近接しているこの場所においては、日本で見られる植物も多く、日本の植物図鑑も充分役に立つ。お薦めはポケット版『日本の野生植物』（平凡社）である。このように、日本の植物相の知識をもっておけば、日本ではけっして見ることのできない植物が「浮いて」見えてくる。

総じて中国の林は日本より乾いている印象で、さらに開発がしやすい土地は徹底的に開発されているせいもあろう、より自然度の高い地域は、平坦な地形に乏しく、岩がちな印象であった。林の雰囲気はやはり日本とよく似ており、たとえばスギはかなりふつうに見られるが、このスギが日本のものと同じかどうかについては、まだよくわかっていないようである。やや乾いた場所には、なじみ深いアカマツ、日本にはないアブラスギが多く見られ、また竹林もとても多い（写真7）。なお、日本の竹類はほとんどが大陸から導入されたものと考えられ、自然の竹林は日本にはおそらく存在しない。

植物学的に興味深いものとしては、シナユリノキやフウのように日本では化石種としてしか見られない植物（ただしユリノキやフウは街路樹としては日本でもよく利用される）があり、この他にはトサミズキ属やコナラ属、クリ属のように、日本で見られるものと微妙に姿が異なるもの、あるいはトキワマンサクなどのように、日本ではきわめて珍しいものなどが林を形づくっているのが印象的であった。樹木と比べ、移動分散能力に乏しいであろう草本類では、より日本のものと異なるものが多かったが、とくに興味深いものとしては浙江省北西部の滝で目にしたツリフネソウの仲間、インパティエンス・ネグレクタがあった。日本のツリフネソウの花は、トラマルハナバチという大型のハナバチに送粉されるため花の奥の蜜源までは緩やかにすぼまった形をしているが、こちらの種では花蜜を貯める距と呼ばれる部分がストロー状に細長くのびている（写真8）。いったいどのような昆虫がこの花の蜜を味わっているのだろうか？ そう思って花弁をよく見ると、下側が無数に傷ついているのがわかる。これは、ハチが力一杯花弁にツメを立て、踏んばって花のなかに潜り込んだ証拠で、日本のツリフネソウでも見られるものである。タイミングが悪かったためか、花にやってくる昆虫の姿は結局確認できずじまいであったが、トラマルハナバチよりかなり体が小さく、しかし口吻だけ著しく長く伸びたハナバチが朝か夕方の決まった時間にやってくるのであろうか。このように、ふしぎな花の形は、まだ見ぬ昆虫の姿への想像も駆り立ててくれるのである。いずれ、正体を知りたいものである。

写真 7　中国浙江省南部の山地の風景
中央は茶畑で左手には竹林が広がっている．

花との出会いは、一期一会

とりとめもなく書いてきたが、植物調査のフィールドワークは、まるで宝探しのようである。目当ての植物に実際に出会えると、このうえもない喜びを感じる一方で、運悪く出会えないときのがっかり感もまた、何ともいえないものである。いくつかのフィールドを巡って今さらながらに強く思うのは、珍しい植物との出会いについては、ときに一期一会であるということである。植物は逃げないので、何気ない植物との出会いには、また同じ場所に来れば出会えるだろうと軽く考えてしまいがちである。しかし振り返ってみると同じフィールドに二度赴くことはそうないし、同じ場所であってもたとえば短い開花のタイミングに出会えるということは、まさに奇跡的な巡り合わせなのである。

植物との出会いを大切にしながら、これからも植物学者としての旅路を歩んでいきたいと、あらためて思うし、拙文を読んでくれたフィールドワーカーの皆さんにも、ぜひそのような植物を見る目を少し意識していただけたら、また少し世界が違って見えてくるのではないだろうか。

写真 **8**　トラマルハナバチが訪れた日本のツリフネソウの花（左）と中国浙江省の近縁種インパティエンス・ネグレクタ（右）

2 人とバナナのかかわりを探る方法を求めて

民族植物学調査の試行錯誤

佐藤靖明
SATO Yasuaki

フィールドワークのきっかけ

自然に囲まれて暮らす人びとは、植物に対してどのような知恵をもち、また植物をどのように使っているのだろうか——。民族植物学は、このような関心を出発点にして人と植物の関係のあり方を追究していく学問である。

赤道直下の東アフリカ内陸国、ウガンダ。2001年12月、当時大学院生であった私は、バナナが主食とされるこの国で「人とバナナの関係」というテーマを掲げて、民族植物学のフィールドワークを始めた。

まず、この国で社会調査を行ってきた同じ専攻の先輩（白石壮一郎さん、第1巻編者）に連れられて、隣国のケニアから丸一日バスに揺られ、ウガンダの首都カンパラに降り着いた。大都会であるナイロビよりものどかで田舎っぽい雰囲気を感じさせる街中を楽しみながら、はじめにうかがったのは、マケレレ大学社会学部・キルミラ教授の研究室である。この先生は、すでに日本との深い学術的な関係をもち、私の調査でもウガンダ側の受け入れ先となることを快諾してくださった。その後、日本で悪戦苦闘してつくった調査申請書をウガンダ政府の科学技術庁に提出し、調査許可証を取得した。また、先輩から文献資料や統計資料を収集するための場所や都市での生活方法を手とり足とり教えてもらった。

そうこうしているうちに2週間が経ち、それまで先導してくれた頼もしい彼は「がんばれ」という激励とともに、自身の調査フィールドである東ウガンダへと旅立ってしまった。さて、「民族植物学」の調査をするとは放言していたものの、残された私は具体的に何をすればよいのだろう? 心が躍るような発見ができるだろうか? 大きな不安と期待を抱えながら、調査地探しを始めることにした。それ以来、私は日本とウガンダの間を何度も行き来しながら、自分なりの民族植物学の調査スタイルを模索してきた。

ところで、「民族植物学」という語は、英語の ethnoboatny（エスノボタニー）の和訳である。民族生物学（ethnobiology）の一つであり、そこでは人と植物の関係についてなら何でもよい、といえるほどに多様なテーマが扱われている。欧米では、この学問分野の位置づけが教育機関や学界のなかで確立しており、たとえば多くの民族植物学者が所属する英国のケント大学では、民族植物学の修士号を（「民族生物学」は博士号も）取得することができる。関連する国際学会としては、資源植物学会（Society of Economic Botany）、民族生物学会（Society of Ethnobiology）、国際民族生物学会（International Society of Ethnobiology）などがある。大学生くらいの読者を対象としたテキストも、いくつも出版されている。

民族植物学の特色の一つは、研究方法の多彩さにある。たとえばマーティンが作成したマニュアル *Ethnobotany: A Method Manual* では、以下の8つの章に分けて調査手法の説明がなされている。

1：データの取得と仮説の検証
2：植物学
3：民族薬学と関連分野
4：人類学
5：生態学
6：経済学
7：言語学
8：民族植物学と保全・コミュニティ開発

これをみるとわかるとおり、調査対象や追求すべき問題、そして研究者の方針や能力に応じて、自然科学と人文・社会科学、基礎と応用の別を問わず、さまざまな見地からアプローチすることができるのだ。もちろん、複数の方法を組み合わせて論を進めていくことも多い。このことはメリットともいえるのだが、同時に、どのアプローチも中途半端な追究にとどまってしまう恐れもある。ある程度の専門性の確保とそれらの統合の必要性は肝に銘じておかなければならない。

ちなみに、多くの日本人にとって「民族植物学」という分野はなじみが薄いものである。国語辞典にはあまり載っておらず、「民俗植物学」と書く人も少なくない。ただし、この言葉が知られていないから日本にこの学術的な蓄積がないかというと、そうではない。欧米の潮流とは適度な距離を保ちながら、民族自然誌研究会、生き物文化誌学会など、いくつかの大きな流れがつくられて現在に至っている。書籍も数多く出版されており、たとえば国立民族博物館の共同研究の成果『ドメスティケーション——その民族生物学的研究』（山本紀夫編）は、日本における民族植物学、そして民族生物学の文理融合的な特色が色濃く反映されている。

私が民族植物学の道に足を踏み入れる大きなきっかけとなったのは、中尾佐助という民族植物学の巨人による書籍との出会いである。大学の授業で紹介されて『栽培植物と農耕の起源』(岩波新書)や『栽培植物の世界』(中央公論新社)を読み、植物の興味深い特徴と各地の文化が結びつくさまを地球規模で描くその世界観に圧倒され、学問にこのようなフロンティアがあることを知ったのだった。また、ウガンダに行く以前に、西アフリカのガーナで穀物流通に関する地理学の調査をした機会があり、そこで知り合った現地の若者たちが身近な植物について生き生きと語る様子を目のあたりにしたことも、民族植物学への思いを強くしていった。アフリカで人と植物の関係を深く理解するためには、人びとの知識や知恵にかかわる分野を学ぶことが大切ではないだろうか、と考えるようになっていったのだ。

農村での住み込み調査

フィールドワークをするにあたって、私はいわゆる「京大式」生態人類学の先達がこれまで行ってきたやり方を真似ることから始めることにした。従来より生態人類学は、自然に強く依存する人びとと動植物の関係を主たるテーマとしている。そのため、世界各地での植物の利用や知識にかんする調査方法が、民族植物学でよく行われるものと、じつはかなりの部分で重なっている。また、まず見えるものを定量的に調べていき、徐々に知識や世界観といった見えないものに迫っていく、という生態人類学的なアプローチは、民族植物学の調査をすすめる際にも模範的な型として大いに参考にすることができる。その意味では、民族植物学は生態人類学の一分野ということもできそうだ。

フィールドワークをするにあたって、生態人類学を究めていた先輩たちから言い聞かされていたのは、「現地の人の家に泊まれ」、「植物採集をせよ」、「調査の成功の半分は調査助手にかかっている」、「夢は大きく、測るときは細かく（＝緻密に）」といった言葉であった。フィールドワークの初心者でも、「これならできるのでは」と自信をもたせてくれる一見シンプルな教えである。

まず、最初の教訓「現地の人の家に泊まれ」を実践するために、調査をするうえで都合のよい農村と、そこで住み込みをさせてもらえる家を探すことにした。人類学のフィールドワークでは、調査する土地に泊まり、その社会に入り込んで信頼関係を築くことを何よりも重視する。それがうまくいけば、彼らが朝起きてから夜寝るまでの一部始終を観察することができ、疑問があればいつでも気兼ねなく話ができる環境に身を置くことができるのだ。また、社会の内側でのやりとりを垣間見ることのできるメリットもきわめて大きい。

ただ、アフリカ人の家庭で居候することは、それまで社会の表面をなでるようにしか調査をしてこなかった私にとって、大きな度胸が必要であった。現地の人の家に住んで安全なのだろうか、健康面は大丈夫なのだろうか、といった心配があったのだ。さらに私の場合、バナナと文化的なつながりが深いとされるガンダ民族の地域（図1）で調査することはあらかじめ決めていたが、調査村を選ぶための基準をきちんと定めていなかった。そのため、どこを調査地に選んでよいのかわからず、試行錯誤の期間が長く続いた。

最初の渡航時には、知り合いを伝って国連の事業で働いているウガンダ人を紹介してもらい、その方の実家近くの小学校に1週間ほど泊めてもらった。そのあと、国立農業研究所にアポもなく訪問し、研究員が懇意にしているバナナ生産農家に1カ月泊めさせてもらうことができ、念願である居候が実現した。そこでは、主食のバナナを毎日たんまり（三食とも！）食べることができ、バナナの栽培や食事についていろいろ教えを受けたのだった。ただ、その家はヨーロッパにもバナナを輸出している豪農であり、もう少し一般的な小規模農家のところに住みたいと考えるようになっていた。

２００２～２００３年、２回目のウガンダ長期滞在では、まず1カ月をかけて広域をまわり、10カ村ほど訪問して見比べてから調査村を決めることにした。そのときに案内役を引き受けてくれたのが、ウガンダでできた友人から紹介された20歳ほどの青年ジョン君である。そして村々を見て考え悩んだ結果、カンパラの１００㎞ほど北にある彼の実家（写真1）に泊めてもらって調査をすることにした。栽培しているバナナの品種（種類）が多いため、彼らのもっている知識も豊富で調査のしがいがあるのでは、と予想されたことと、村長をはじめ村人たちの対応に、私も溶け込めそうな雰囲気を感じとったのが決断の理由である。それから7カ月間、その家のなかにあるジョン君の部屋に一緒に泊めてもらい、家庭での調理風景を観察したり、畑を見たり、村を歩きまわって話を聞いたりしながらひたすらフィールドノートに書き続ける毎日を送ることになった。

つづく２００４年末から一年近くに渡る博士論文作成のための調査では、バナナの栽培と利用がより盛んに行われている場所を調査する、という研究上の都合から、滞在村をウガンダ南部に変更する

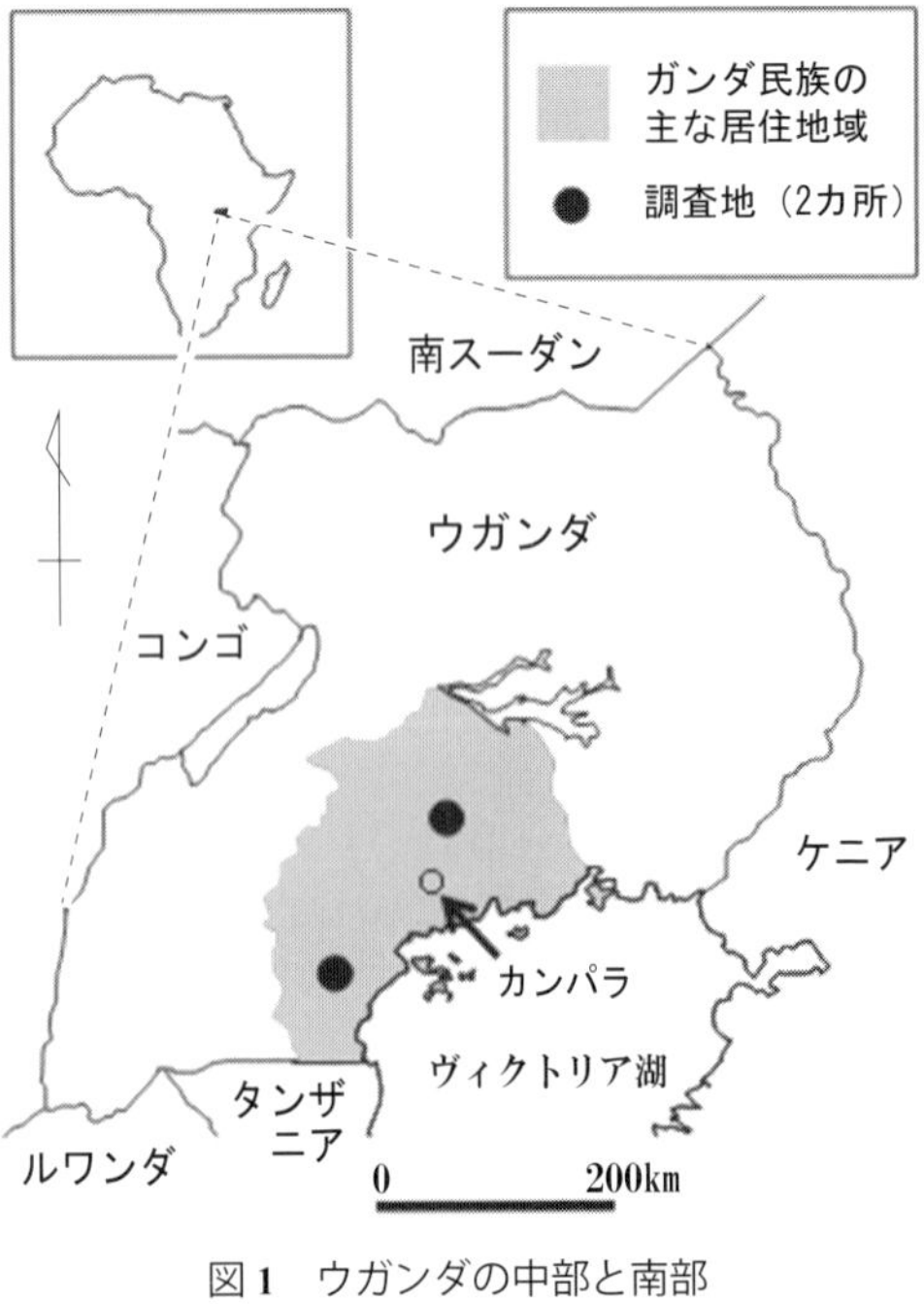

図1　ウガンダの中部と南部
筆者作成.

ことにした。ただ、そのような判断を下せるようになったのも、たくさんの家を訪問し、また長期滞在を経験することによって、村を見て比較するための指標が自分の頭のなかでつくられていったからであった。また、他人の家に滞在するのに慣れ、いつのまにか心身への負担が少なくなっていたのも、フットワークの軽さにつながった。

ウガンダ南部の調査村では幸運にも、小学校教師をしていた経験があり、さまざまな植物を扱う呪医でもある50代のセマンボさんというおじさん（写真２）に調査助手をお願いし、毎日朝から夕方まで調査に付き添ってもらうことができた。２００８年に亡くなってしまったのだが、この方が村人と私の間に入ることによって、村人も気軽な感じで私と接することができ、またバナナや植物に関してたくさんの

写真 1　ジョン君の実家

2002 年から 2003 年にかけて，7 カ月間この家に泊まって調査を行った．以下，写真は筆者撮影．

写真 2　調査助手であった故・セマンボさんとバナナ畑

ことを教えてもらった。民族植物学の調査でも、先達の教え通り「成功の半分は調査助手にかかっている」としみじみと思う。

見えるものから調べる

（1）植物の名前と利用法を聞く

農村に滞在して間もない頃は、見るものすべてが新鮮で、何を観察したらよいのか迷いがあり、言葉もほとんどわからない状態であった。そんななかでも、家の付近に生えている植物を採ってきて方名（＝現地の人びとの間での呼び名）や部位の名前、使い方を教えてもらいながら、さく葉（押し葉）標本を作る作業を行うことはできた。ただし、バナナは果実も葉も巨大すぎて標本を作製することをあきらめた。

地域における植物を広く把握することは、バナナに関する研究と一見関係がないように思える。しかし、いろいろな植物があるなかで、バナナが人びとの生活や言葉の世界のなかでどのような位置づけがなされているのかを知るために、地域の動植物の全体像を知ることは重要である。なにより、調査地を見渡してみると至る所に植物が生えており、民族植物学の基本的なスキルである標本づくりを生かさない手はない。

植物のさく葉標本をつくるのに最低限必要なものは、①新聞紙、②野冊、③ロープ、④ペン、⑤はさみかナイフ、⑥植物を入れる袋（ビニール袋など）である（写真3）。まず、これらをできるだけ現地調達で間に合わせることにした。①の新聞紙は標本の作成途中で頻繁に交換するため、大量に必要となる。カンパラ最大の市場であるオウィノマーケットの一角では、商人向けに包みなどに使うための古新聞が売られており、そこで数百枚を束で購入することにした。なお、現地の新聞紙の大きさ（30㎝×40㎝くらい）が、標本のサイズとなる。②の野冊は、すのこ状の木製板2枚で一組となる。最初は調査村でつくってもらったが、あとからマケレレ大学の植物標本館でも購入できることを知り、軽く質の高い後者に切り替えた。③④⑤⑥も現地で購入できたが、日本から持参した道具の方が使いやすいことがわかった。この他にあった方がよいものは、標本にした植物に番号などを振って整理するためのラベル、果実を別に保存しておく場合のための容器などである。

植物の採集は、現地の人に助けてもらいながら行った。一つの種類ごとに葉と茎がついた部分を切り取ってビニール袋にいれていく。できるかぎり花や実がついていた方がよい。季節にもよるので、一部の植物については開花・結実の時期にもういちど採集することもあった。家の人たちもその作業をおもしろがり、頼んでもいないのに珍しい植物を採ってもってきてくれることもあった。

植物を採ったあとは、詳しい方から名前などを教えてもらった（あらかじめ、現地の言葉の表記法を知っておく必要がある）。標本にしてから質問してもよいが、形や色が変わってしまう可能性があるので、採ったらすぐに聞く方が確実である。このときに、利用法とともに、体験談や名前の由来など、面白い話を次々と聞くことができた。聞き取りの結果、現地の言葉では「木（muti）」や「草（muddo）」といったグループ分けがあること、バナナはそれらのグループにあてはまらず、葉や果実など部位の名称も、他の植物とほとんど共通点がない特殊な呼び方がされていることなどを知ることができた。

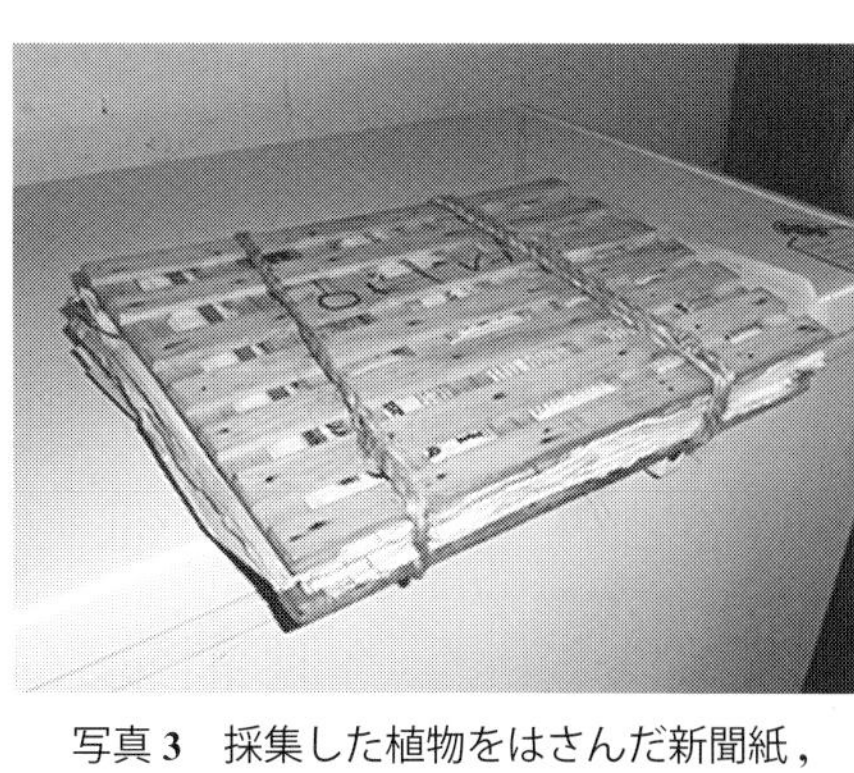

写真3　採集した植物をはさんだ新聞紙，野冊，ロープ

聞き取ったことは、全体の傾向として示すことができる。たとえば図2は、ホームガーデンとその周辺における樹木の利用法を示しており、薬用や物質文化（建材など）に使われる樹木の種類が多いことがわかる。

じつは採集後の標本作製の方が大変だ。まず一つの植物ごとに、葉ができるだけ重ならないようにきれいに新聞紙にはさみ、新聞紙には番号と名前を書いておく。次に、それぞれの新聞紙の間には水分を吸い取るために空の新聞紙をはさみ、重ねて、最後にロープなどで縛り圧縮させておく。そしてたびたびサンプルの形を整え、空の新聞紙を交換し、使用した新聞紙は乾燥させておく。最初は水分がたくさんでてくるので、毎日取り換える必要がある。ある時は一日で１００近くの標本が採れたことがあり、その日から数日間は、日付が変わる深夜まで標本のケアにつきっきりとなることを覚悟しなくてはならなかった。

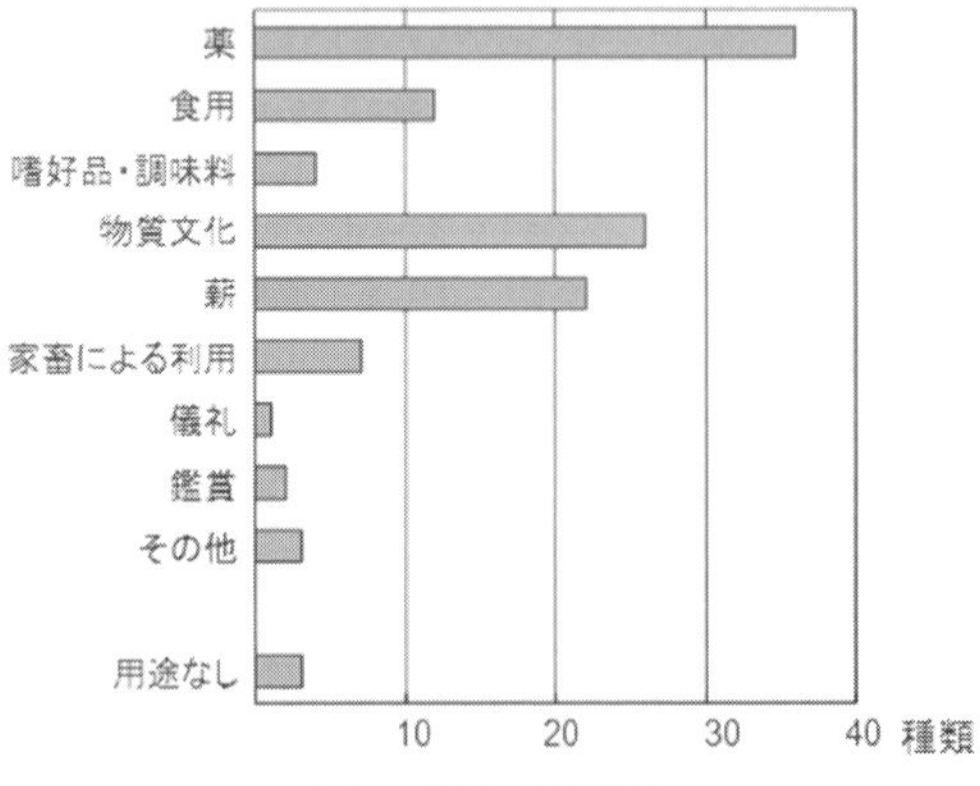

図2　樹木の利用法
佐藤（2011）より．

標本を作製する一番の目的は、植物学の専門家から万国共通である学名の同定をしてもらうことである。各国にはたいていその国を代表する植物標本館（ハーバリウム）があり、そこに標本をもっていって、学名を調べてもらうのだ。私は3回ほど植物採集を行い、マケレレ大学植物標本館にもちこんだことがある（写真４、写真５）。そのうちの2回はサンプル数が２００ほどになり、一人では到底持ち切れず、調査助手の方に村から運ぶのを手伝ってもらうこともあった。当時は大学院生で資金が乏しく、もし研究費がたくさんあれば車をチャーターして簡単にもっていけるのに……、と思ったものである。なおマケレレ大学の場合は、1つの標本あたりの学名同定料金が決められていて、日本円で約50円であった。最初は「1カ月くらいかかります」といわれたが、研究員と親密になっていくと優先的に同定してもらえるため、2回目以降は早く結果をもらうことができた。

このようにして人びとの知識にもとづく方名と植物学にもとづく学名を対応させていくのだが、それらがほぼ一対一対応であるというのも、考えてみると不思議なことである。世界の民族生物学者の間ではその理由や是非をめぐってしばしば議論がなされている。

（2）収穫から利用までを追う

植物の生産・加工・利用を別々に考えるのではなく、それらを人と植物がかかわる一連の流れとして見る視点をもてることは、民族植物学のひとつの魅力である。とくにアフリカの、自給を中心とした農村では、人の行動も収穫物の移動も家と畑の間だけでほとんど完結しているので、畑から胃袋のなかまでのプロセスを追うことが容易であり、そのおもしろさを実感することができる。

ただし、それらの動きを定量的にとらえようとすると大変である。人びとの日常生活に割り込んで常に「測る」作業が必要となるからである。私は、畑内での植物の位置を測って地図をつくったり、居

写真 **4**　マケレレ大学植物標本館内部
木製の棚には学名同定の基準となる植物標本が保管されている.

写真 **5**　整えられた植物標本と研究員の **Olivia Wananya Maganyi** さん

候先の家と近所の世帯でバナナの収穫日記をつけてもらったりすることにした。ここでは、後者について紹介したい。

日本からは、生態人類学の必須ツールともいえる「ばねばかり」を持ってきた。しかし、これらはバナナを測る際には不便であることがわかった。1kg、5kg、20kgまで測れる3種類を用意したのだが、収穫物が30kgを超えることもあるため、ばねばかりにひっかけるには重すぎるし、なにより、はかりに引っかける作業が面倒なのである。また、はかりを設置する場所にも困る。そこで、人体を測るための体重計を使うことにした。ただし、バナナを直接置いて測ろうとしても体重計と接する面が安定しないので、持ちながら測る方法をとることにした。バナナを持った状態での重量を測るとともに、人間だけの体重を測り、前者から後者を差し引けばバナナの重量が算出できる。これなら、バナナを置いたり引っかけたりしなくてよいので、簡単に測れるのだ。居候先だけでなく、近所7世帯にも計測をお願いすることにし、壊れた場合の予備を2つ追加した10個をさっそくカンパラの店舗から購入して村まで運んだ。

ただ、実際の調査を行うにはさまざまな問題を乗り越えなければならなかった。まず、体重計をゆがんだ地面の上において測ると、誤った値がでてしまうのだ。農村では平坦な地面はあまりないので、体重計を置くための平面の台も必須であることがわかり、村の近くの大工の方に作成してもらうことにした。また、体重計への正しい乗り方について住民の方にレクチャーする必要があった。ちなみに、体重を記載することに懸念を示す女性がいるのでは……、と心配したが、目的を説明し納得してもらい、問題となることはなかった。

ノートやボールペンも世帯分用意した。そして重量のほかに、何を記載するかを考えた。ノートにはその日にどんな品種を収穫したのか、だれが収穫したのか、食べたのか売ったのか、といったことも書き入れられるようにした（写真６、写真７）。

この調査は、乾季から雨季にかけての1月から5月まで、約5カ月間に渡って行った。この間、体重計に故障がないかときどき確認するとともに、各世帯の計測の様子を見まわって正しく測っているかをチェックすることにした。調査結果に影響が及ぶのを避けるため、調査途中で各世帯に食品のお礼をあげることができず、終了後にたくさんのお菓子と体重計を贈呈した。

調査の結果、乾季の初めに収穫量が若干多い傾向がみられるものの、全世帯にあてはまる顕著な特徴はみられず、逆に収穫量の季節的な変化が不明瞭であることが浮き彫りになった。つまり、人びとは通年で収穫できるバナナの生産を中心にすえながら、ほかの作物の栽培も組み合わせて、日々の食事材料を満たすという方法をとっていたのだ。また、バナナは贈り物にしたり、販売してお金を得たりと、多様な使い道があり重宝されることもわかった。

写真 **6**　バナナの収穫

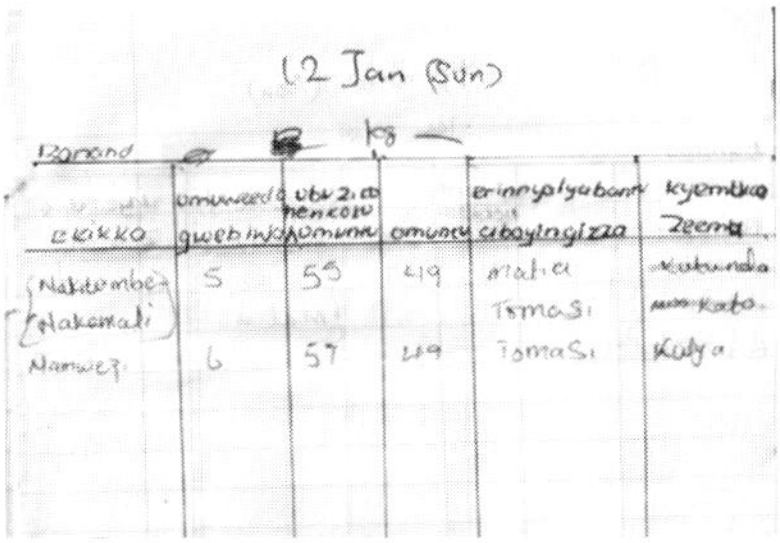

写真 **7**　バナナの収穫日記の一部
左列より「品種名」「果房についている果掌の数」「重量（バナナ＋体重）」「重量（体重）」「収穫者」「利用法（食べたかあげたか売ったか etc.）」.

この調査をとおして、アフリカでフィールドワークをする際には、日本では想定されない煩雑な問題を一つ一つ乗り越えて調査することが不可欠で、そのことが精度や正しさにつながっていくことを実感したのだった。

村人の植物をめぐる知恵や技術を調べる

農村での滞在にようやく慣れた頃、収穫日記や畑の計測などの定量的な調査と並行して、植物に対する人びとの知恵や技術にかかわる調査も徐々に進めていくことにした。しかし、このテーマは目に見えないだけに、特徴や全体像をつかむことが難しい。何をどのように質問すればよいのかがわからず試行錯誤ですすめ、村人には子どもじみた質問を何度もする羽目になり迷惑をかけてしまうこともあった。だが、そのたびに新たな学びを得ることができた。

たとえば、バナナの調理方法を記述する際には、彼らの認識をよく知っておくことが必要であった。バナナの葉で果肉を包み、それらをさらに葉で覆って蒸す場面がある（写真8）。しばらくの間は、ずいぶん葉をたくさん使うなあ、と感心しながら1カ月間ほどぼんやりと観察しつつフィールドノートにその様子を記述していた。あるとき、蒸す場面と食事の場面の間も意識して見てみると、蒸す際に覆うために使われた葉が配膳用の

写真8　バナナを蒸す
一見バナナの葉の覆いが乱雑に見えるが，じつは複雑な作法に従ってセットされている．

敷物にも利用され、また次の日の調理にも再利用されているではないか。そこで居候先のお母さんに聞いてみると、バナナを覆う葉には何種類かの呼び方があり、果肉を直接包む葉とは名称が異なること、再利用される葉には蒸気を通しにくい利点があること、覆い方には順序だてられた作法があることを初めて教えられた。また、この調理技術は、結婚する前に必ず身に着けるべき重要なスキルであるのだという。そこで、調理中での葉の呼び方を詳しく質問しながら、その調理システムをより深く聞いていくに至った。このように、知恵や技術をめぐる質問は、最初から「これについて調べればよい」といった項目があらかじめ用意されているわけではないので、フィールドワークのなかで発掘していくことが求められるのである。

「知識」をめぐる議論の際に、作物の品種もしばしばテーマとして取り上げられる。品種は、科学者の目から見れば遺伝的に共通したものの集まりだが、そこで暮らす人びとにとっては、さまざまな知恵や経験が込められたものである。ウガンダのバナナに関しては、全国で数百もの品種名が報告されているが、それらが人びとにどう認識され、扱われているのかについては詳しく調べられてこなかった。そこで私は、品種名の由来、見分け方、各世帯の栽培品種といった事柄を調べ、その特徴を見ていくことにした。

品種名の由来は、村の物知りの方にたずねるとおもしろい話を次々と聞くことができた。たとえば「nandigobe」という品種は、「naligobwe（追いかけた）」という言葉からきており、この地に誰も人が住んでいなかった時代に、ガンダの初代の王がヘビの王を追いかけて退治したことが由来であるという。そのため、果房の軸がヘビのように一定の方向に曲がっている。このような説明がある一方で、形態とは関係のない品種名の説明もあった。たとえば、「nabussa」という品種は、「tulirirebusa（仕事がない）」と「busa（交換するものがない）」という言葉からきており、仕事をしないためにおかずを買うためのお金がなく、この品種の料理用バナナを食べる際におかずなしで食べざるを得なかったことからこの名前がついたという。このようにさまざまな説明が得られたが、村人のなかにはその場で即興的に由来を考える場合もあり、かつて最初に名前をつけた人が本当にそう考えていたのかは、不明のまま謎として残された。

人びとによる各品種の見分け方も調べることにした。しかし、これがきわめて難しい試みであることがわかった。識別するための大きなよりどころとなるのは果房の形だが（写真９）、実際に結実している植物体は、畑のなかに何百とある個体のうちのほんの一部にすぎず、すべての品種の実を一度に見ることはできない。私は何カ月も滞在して村人から教えられたが、マニュアルがあるわけではなく、なかなか見分け方を身につけることができずに苦労した。複数の部位を一瞬で見極め、また、その場にない品種との相対的な長さを考慮する必要もあるため、特徴を言葉だけで伝えにくい部分があるのだ。じつは調査者のみならず、住民にとっても品種を識別することは難しいことのようである。ある農家の畑を使って、植物体を見せながら品種名をあてるテストを30名の住民を対象に行ったところ、世帯主による答えと一致した回答をなかなか得ることができなかった。また、子どもはほとんど識別することができないことも判明した。おそらく、人びとは自分で主体的に畑を管理するようになったころから覚え始め、形態だけでなく、植えた経験や生育している位置などの周辺情報も参考にしながら品種について学んでいるのだと推測された。

写真９　さまざまな形のバナナ
筆者撮影.

各世帯の栽培品種を調べた際には、質問の仕方を工夫しなければならないことを思い知らされた。たとえば「どんな品種をもっていますか？」という質問をしても、なかなか全部を答えられる人はいない。逆に、想定される品種リストをあらかじめつくっておいて「この品種をもっていますか」と聞く方が、聞き漏れが少なくなる。これは、人びとの頭のなかでイメージしていることと関係している。この地域のバナナの場合、全体の栽培戦略があってそれに合わせた特性をもつ品種が選ばれているのではない。あるチャンスを通じて手に入れた品種のバナナは何世代にも渡って同じ場所で更新していく。それが積み重なり畑ができているため、全部の品種を一度に考える機会がないのだ。その代わり、特定の品種を聞かれたら、畑のあそこにあったかな、と頭のなかで振り返ることができる。このように、彼らの記憶のなかでは畑のなかの具体的な場所と品種が結びついており、それを踏まえて質問することが必要なのだ。

　栽培品種について、28世帯に聞いた結果が図3である。ランダムに世帯を選んだのではないので詳細な傾向を示すことはできなかったが、36もの品種を栽培する世帯がいるとともに、ABを除くすべての世帯が10品種以上栽培していることが

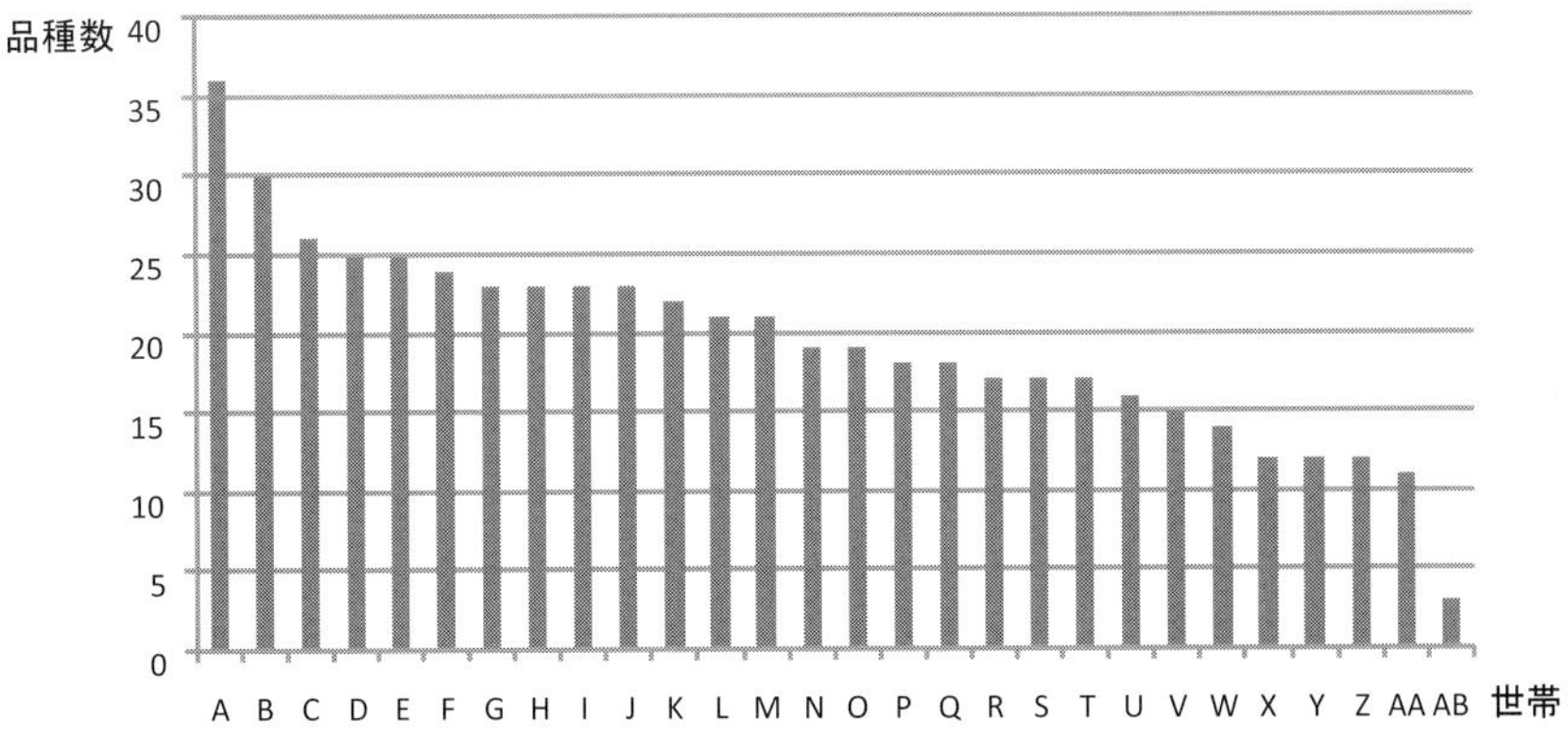

図3　各世帯の栽培品種数
佐藤（2011）より．

わかる。世界の他の地域における栽培品種数の研究では、ごく一部の世帯だけが突出して多いことがよく報告されているが、私の調査地域では、多くの品種を栽培する行為が広く行われていることが推察された。

村人とともにある民族植物学

振り返ると、私の民族植物学のフィールドワークでは、人びとに助けてもらい、世話をしてもらい、教えてもらうことにほとんどの時間が占められていた。調査といっても、かれらにとって私は、あたり前のことを懸命に学んでいる子どものような存在だったのかもしれない。他方、収穫量の調査に関して世帯の方に方法を指示する場面などでは、科学的な方法を追求する「大人っぽい」学者として受け止められていたと思われる。このように、「子ども」としての調査者と「大人」としての調査者を使い分けながら、彼らと植物の多面的なかかわりを明らかにしていくスタイルができあがっていった。調査につきあってもらった住民の皆さんに感謝しながら、今は、彼らからもらった大切な知恵を生かしてどのように地域に還元できるのかを考えている。

参考文献
佐藤靖明（２０１１）『ウガンダ・バナナの民の生活世界――エスノサイエンスの視座から』松香堂．
中尾佐助（１９６６）『栽培植物と農耕の起源』岩波書店．
中尾佐助（１９７６）『栽培植物の世界』中央公論新社．
山本紀夫編（２００９）ドメスティケーション――その民族生物学的研究「国立民族学博物館調査報告」No.84.
Gary J. Martin (1995) *Ethnobotany: A Methods Manual*. Chapman & Hall, London.

3 ことばから人と文化と社会へ

記述言語学者の見方とその先

大塚 行誠
OTSUKA Kosei

記述言語学のフィールドワーク

人間の人間たるゆえんのひとつが言語を使ったコミュニケーションであることからもわかるように、言語は私たち人間のあらゆる側面と密接にかかわっている。そのため、ひとくちに言語学といっても、そのアプローチの方法は多岐に渡る。私が専門とする「記述言語学」は、ある言語の話し手への聞き取り調査をもとに、その言語に見られるさまざまな特徴を描きだすことを目的としている。

現在、世界には六千から八千もの言語があるといわれているが、そのほとんどは話し手が少なく、充分な調査も行われていない。こうした言語を調べると、英語や日本語などの大言語には見られない珍しい発音の方法や変わった文の組み立て方が見つかることもあってじつに興味深い。記述言語学ではこのような言語のいろいろな特徴を詳しく調べることによって「〝言語〟とは何か？」という大きな謎の解明に向けた手がかりを探しているのだ。

こうして、今では多くの記述言語学者が「フィールド言語学者」となって世界各地でフィールドワークを行っているわけだが、フィールドでの過ごし方は研究者によってだいぶ異なるようだ。辺境の集落で現地の住民と生活をともにしながら調査を続ける現地密着型の研究者もいれば、数時間調査した後はホテルにこもってデータの構築にいそしむインドア派の研究者もいる。しかし、どのようなフィールドワークのスタイルであれ、現地のことを知れば知るほど、文化的な背景や社会情勢など、話し手を取り巻く現状を無視することはできなくなる。

外国人立ち入り禁止だったフィールド

ミャンマーとインドの国境周辺には2000〜3000m級の山々が連なっている。清涼な風が吹き抜ける山の上にはチン族と呼ばれる少数民族の集落が点在し、人びとはミャンマーの公用語であるビルマ語に加え、それぞれの地域で独自の言語を使って生活している。その山の奥まったところにティディムというのどかな田舎町がある。古くからティディム・チン語を母語とするチン族が暮らしてきた町だ。

私がティディム・チン語の調査を始めたのは2006年、大学院に入って間もないころだった。大学の学部でビルマ語と言語学を専攻した私は、大学院に入ると、未知への好奇心からミャンマー少数民族の言語について調べるようになった。百を超える民族のなかでとりわけ私の興味をひいたのが、文献や資料がきわめて少なく、謎のベールに包まれたチン族の言語だった。しかし、そのころはチン族の言語について学ぼうにも、机上の研究だけでは何もわからな

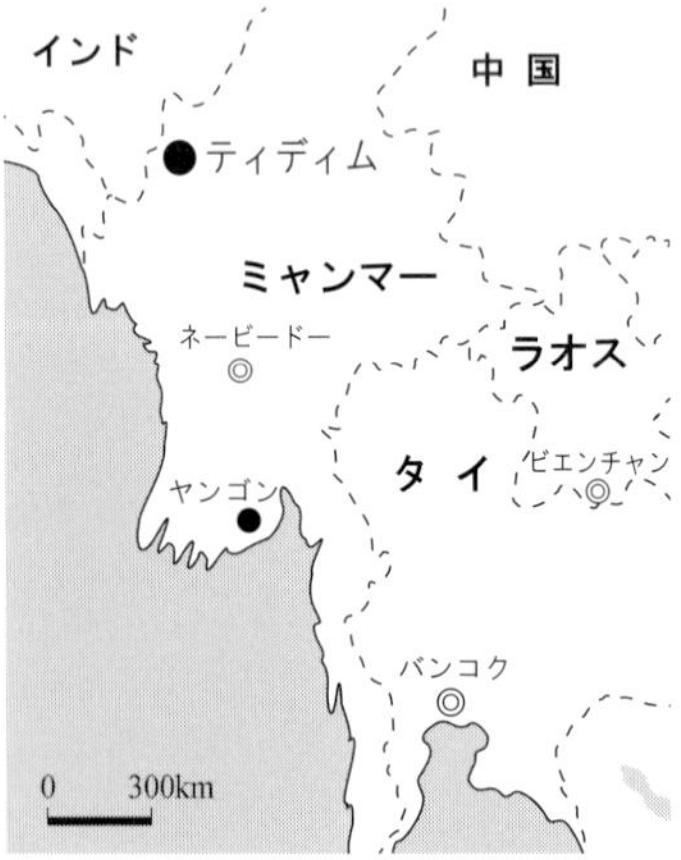

図1　ティディムの位置

かった。そこで、現地の人にゼロから直接言葉を教えてもらいながら、チン族を知るための基礎資料として文法書と辞書をつくっていこうと考えたのである。こうして、私はまだ見ぬチン族の集落に思いを馳せながら、渡航の準備を進めていた。

ところが、当時、ミャンマーは強圧的な軍事独裁政権の統治下にあり、社会全体に閉塞感が漂っていた。徹底的な情報統制と言論弾圧によって自由な研究活動が行えず、きわめて不安定な情勢から辺境の少数民族について調査することもままならなかった。さらに、インドとミャンマーの両国政府は、政策上の理由から、チン族の多く住む国境地帯への外国人の立ち入りを厳しく制限していた。そのため、私のような日本人の学生がチン族の集落を訪れようとしても、役所や検問所で門前払いを食うのが関の山だった。

「在日チン族」との出会い

フィールドワークの第一歩が踏み出せず暗中模索の日々を送っていたある日のこと、インターネットで何気なくチン族について調べていると、「在日チン族協会」という団体のホームページに目が留まった。

20世紀終盤以降、ミャンマーの政情不安によって国外に生活の基盤を移すチン族は増加の一途を辿っていた。チン族のコミュニティーはノルウェーやアメリカ、オーストラリアなど世界各地へと拡がり、ここ日本にもたくさんのチン族が移り住むようになっていたのである。最近では、日本で生まれ育った第二世代の子どもたちのほか、留学や仕事の関係で来日するチン族も増え、在日チン族のコミュニティーはますます多様化している。このような時代の流れのなか、東京在住のチン族を中心に立ち上がった市民団体が在日チン族協会だった。

この在日チン族協会で多数派を占めていたのはティディム出身のチン族だった。彼らは定期的に会合を開き、気軽なおしゃべりから重要な議題に至るまで、ティディム・チン語で活発な議論を交わしていた。そして、毎年秋になるとティディム伝統の収穫祭「クアドウポーイ」(図2)、2月には「チン族の日」の祝賀式典を都内で盛大に開き、故郷の歌や踊り、料理を楽しみながら同郷同士の親交を温めていた。こうして、多くの在日チン族の人たちは、故郷から遠く離れた東京の地でも、チン族としてのアイデンティティーを保ち、次世代の子どもたちにも同胞の言語と文化を伝えていこうと活動していたのである。

図2　在日チン族協会の収穫祭（クアドウポーイ）で踊られる伝統舞踊のイラスト

この協会の紹介で、私は会長夫人のハウさんにティディム・チン語を教えてもらうことになった。ハウさんは、在日チン族のコミュニティーのなかでもティディムの言語と文化に精通した人として知られており、ティディム・チン語の先生として真っ先に名乗りをあげてくれた。こうして、私にとって人生初のフィールドワークは、東京の下町にあるハウさん夫妻の家で幕をあけたのである。どんな質問にも真剣に耳を傾け、たび重なる調査にも根気よく付き合ってくれるハウさんの熱心な姿を見るうちに、チン族の集落に行きたくても行けないもどかしさは、いつの間にやらどこかへと吹き飛んでいた。

言語調査のはじめの一歩

Ａ４のノートとボールペン、そしてポータブルレコーダー。重いものやかさばるものを持ち運ぶのが苦手な私にとって、フィールドワークに必携の「三種の神器」といえばこれぐらいだ。逆に言えば、この3点さえあれば、どのような所でもすぐに調査が始められる。

ティディム・チン語のように、単語も文法もあまり知られていない言語の調査は、日常生活で誰もが使うような単語をひとつひとつ聞き出していくことから始める。まずは「ティディム・チン語で『頭』は何と言うんですか?」と質問し、お手本となるハウさんの発音をひたすら真似するのだ。そして、ハウさんからＯＫサインがもらえたら、舌の位置や唇の形などを確かめつつ、「国際音声字母(International Phonetic Alphabet)」という発音記号を使ってノートに書き留めていく。

このような単純な問答を何百回となく繰り返していくため、ときには退屈に感じることもある。しかし、記述言語学で調査の対象となるのは、精密な機械でも壮大な大自然でもない、あくまでも生身の人間だ。発音や単語を地道に調べ続けていると、ひょんなことから興味深い話が飛び出し、会話が弾むこともある。

調査中、私が「ティディム・チン語で『水』は何と言いますか?」と尋ねたときのこと、ハウさんは「トゥイ(水)」と一言答えた後、しばらくして頭のなかから「トゥイ(水)」に関する表現を次々と引き出し、「…ティディムは四方が山に囲まれているけれど、海を表す単語もちゃんとあってね。『トゥイ・ピー(大きな水)』というんだ…」と話し始める。その話を聞き、私も、日本語の「海《うみ》」の語源も一説では「大水《おほみ》」だったことを思い出し、ハウさんに伝える。すると日本語を勉強していたハウさんも興味津々、「人間同士、考えていることは似ているものね!」といってひとしきり盛り上がる。たったひとつの単語が人間の心を揺さぶり、新しい単語や文、エピソードが次々と湧き上がってくる。こうしたやりとりから集まる言葉をひとつひとつ記録するうち、毎回調査ノートはあっという間にティディム・チン語で埋め尽くされてしまうのだった。

赤っ恥体験も調査の一環?!

言語のフィールドワークは、ずっと椅子に腰かけて聞き取り調査をしているわけではない。調査の時間以外にも、日常生活のあらゆる場面にその言語の構造を知るためのヒントは転がっている。

ある日のこと、ハウさんの家でパーティーがあり、初めてチン料理を食べる機会があった。チン料理（たとえば写真1、写真2）は油と香辛料が控えめのさっぱりとした味で、日本人の口にもよく合う。ハウさんにおいしいと伝えたくて調査ノートを見返すと、そこには「ホイッ・スィーチャー！『美しいなあ！』」と書かれたメモがあった。そこで、私は「ホイッ（美しい）」という部分を「リム（旨い）」という単語に置き換え、自信満々に「リム・スィーチャー！」と言い放った。すると、しばらくの静寂の後、周りにいたチン族の人たちはどっと笑いだした。じつは、「～スィーチャー」という文末表現は、「あなたは～だなあ！」という意味で、私はどうやら「あなたは、旨そうな姿をしているなあ！」と

写真1　ヴァイミムチーム
（とうもろこしのおかゆ）
あっさりとした味わい.

写真2　タンホウ（粟のちまき）
粟の団子をバナナの葉で包んで焼いたもの. 素朴な味.

叫んでしまっていたらしい。とっさに周りの人たちが「そこは『リム・スィー！』（美味しいなあ！）と言わなきゃ」、とつっこんでくれた。おかげで「チャー」という部分がじつは聞き手を指す語であることを知った。このように、ときには実生活のなかで言葉を使ってみることで、机上の聞き取り調査で調べきれなかったことに気づくこともある。

日本語や英語に精緻な文法があるように、ティディム・チン語にも文の組み立て方に一定の規則がある。この複雑な規則は話者の頭のなかで無意識のうちに働いているため、一問一答の聞き取り調査からだけではわからないことも多い。しかし、日々の地道な調査とフィールドのさまざまな体験から蓄積していく言語のデータをじっくり分析していくと、いずれその言語を動かしているより大きな仕組みが浮かび上がってくる。そうした言語の規則や仕組みとの出会いが茫漠とした言語調査の道を灯す一筋の光となり、その光がしだいにやりがいとなってどんどん調査が進んでいくのだ。

新たなフィールドワークの舞台へ

東京での聞き取り調査が順調に進み、基本的な単語と文法もある程度わかってくると、ハウさんは私にヤンゴンへ行くことを勧めるようになった。ミャンマー随一の大都会、ヤンゴンには東京よりもはるかに大きなチン族のコミュニティーがあり、ティディムから来たばかりのチン族に、ティディムの現状やチン族の文化について、たくさんのことを教えてもらえるだろうというのだ。当時ヤンゴンは、外国人にとってミャンマー国内で最も行きやすい場所でもあった。ティディムでの暮らしぶり、言い伝え、伝統的な慣習にまつわる話を、いろいろな人たちから聞きたいと思っていた私は、一路ヤンゴンに向かった。

10月中旬、ヤンゴンでは雨季がようやく終わりを告げようとしていた。滝のような雨に燦々ときらめく陽光、気まぐれな天気のコラボレーションからようやく解放されるのだ。雨季の晴れ間に味わう不快感は、汗でできた見えないジャケットを幾重も着ているようでじつに耐えがたい。体の毛穴という毛穴は見事に全開で、額の汗は油断すると目にしみる。

人と車とでごった返す大都会ヤンゴンは、あちらこちらでビルマ語が飛び交い、繁華街はビルマ文字の看板であふれている。しかし、ビルマ語一色に見えるこの町にも、ここ数十年の間に経済的な理由や教育上の理由から多くのチン族が住むようになり、ティディム・チン語で礼拝を執り行うキリスト教教会は、ヤンゴン市内だけで十カ所以上に及ぶ。

こうして額からとめどなく流れ落ちる汗を何度も拭いながら、私はティディムの昔話を語ることができるという人たちの待つ教会にたどり着いた（写真3）。

ところが、いざ語り部となってくれるはずの人にマイクを向けても、緊張のあまり、ひどくたどたどしい口調で語り始めてしまう。もっとも、独りで延々と話し続けるなど、落語家でもなければ経験したことはないだろう。さらに、マイクを向けている私自身がティディム・チン語を母語としない外国人であることにも気を遣い、なるべく簡単な単語と単純な文法を使って必要以上にゆっくりと話しだす。言語学の用語でいえば「フォーリナートーク」と呼ばれる口調だが、これでは自然な形の言語

写真3　ヤンゴン市内にあるチン族のキリスト教教会

が収録できなくなってしまう。

しばらくして緊張がほぐれ、昔話をスラスラと語ってくれるようになったとしても、今度は昔話に潜む文化的な背景や未知の言語表現に私自身がついていけなくなってしまう。適当にあいづちを打っても、語り手は話の最中に何度も「言っていること、わかるかい?」と確認をとってくる。その都度何か質問して話が中断していては、やがて語り手も面倒になってティディム・チン語で話すこと自体をやめてしまう。

そこで、私はその教会にいた2人の若いチン族に頼み、聞き手役になってもらうことにした。一人は気さくな語り口が魅力的なキキムさんという女性、そしてもう一人は穏やかな目が印象的なリアンさんという青年だ。ふたりは私と同じ20代後半ということもあり、この収録がきっかけで、その後も友人としていろいろと調査の手助けをしてくれるようになった。

さて、私のそばにこの2人が座ったところ、語り手と聞き手の間にあった緊張感はみるみるうちに解け、話し手の語り口もうんと滑らかになった。話し手と聞き手の双方がティディムの背景知識を共有し、うなずくタイミングや笑いのツボまでそろっているだけで、表現のしかたや会話の流れもより自然なものになる。このように、言語の調査ではときに、話し手だけでなく、聞き手の存在も重要になるのだ(写真4)。

写真4　音声収録調査の風景

言語の調査から垣間見えるもの

教会で収録した音声はホテルに持ち帰ってパソコンに取り込み、リアンさんとキキムさんの力を借りながら一言一句書き起こし、ビルマ語に翻訳していく。これがとても厄介な作業で、たった10分程度の録音でも、書き起こしと翻訳には1時間以上かかってしまう。

しかし、書き起こしの作業は、リアンさんやキキムさんからチン族にまつわる興味深い話や、物語を知るうえで重要な背景知識を教えてもらう貴重な時間でもあった。たとえば、物語のなかでは「家はカン側にあり、夕食の食べ残しを床に空いた小さな穴から下の豚に与えていた」といったチン族の家に関する描写も出てくる。しかし、ティディムに行ったことがないと、この翻訳だけではまったくイメージが浮かんでこない。そういったときには、リアンさんが絵を描きながらチン族の住まいについて説明してくれた。山の上では、谷底に通じる方向を「カン」と呼ぶ習慣があることや、チン族の伝統家屋は山腹を切り開いた道に沿って建てられていることなど、ティディム周辺の村や町の様子を例にしながら、リアンさんは詳しく教えてくれた。こうして、家が「カン」側に建てられていたので、床下に傾斜を利用したスペースがあり、そこで豚などの家畜を飼っていたという情景を、先のフレーズから思い浮かべるのだった。ひとつの物語を書き起こし、翻訳を加えていくだけでもそこに出てくる表現から地理的な状況やチン族の暮らしぶりをうかがい知ることができるのだ。

さらに、フィールドワークでは、話し手がどのような場面で、どういった話し方をしているのかという点にも注意を向ける必要がある。ティディムに脈々と受け継がれている慣習がことばに反映していることもあるからだ。たとえば、ある日のこと、約束の時間になってもキキムさんが来ないので電話したところ、キキムさんは「ごめんなさい。今日は葬儀があって私の父が『タヌー（娘）』になっているから調査を手伝えないわ！」という奇妙な返事をしてきた。そのときはキキムさんが急いでいたのでそのまま電話を切ったが、父親が「タヌー（娘）」になるなんてどうしてもおかしい。翌日、キキムさんにこの件について改めて尋ねてみたところ、キキムさんは笑って説明してくれた。「タヌー」は本来「娘」という意味で用いられるのだが、冠婚葬祭のときに限って、その準備を手伝うべき人全員をタヌーと呼ぶのだそうだ。そのときは、伝統的な慣習に基づいて葬儀の手伝いをすべき親戚の者が父親にあたっていたために「タヌー」と呼んでいたらしい。

こうして、さまざまな場面を通して言語を学ぶことで、現地の人びとの生活や習慣など、文化的背景を理解していくことができるのも言語調査の醍醐味といえる。

ティディム・チン語を取り巻く社会の変化

２０１２年以降、ミャンマー政府は民主化に向けて大きく舵を切り、それまで長年続けてきた閉鎖的な政策を大きく転換した。こうした流れを受け、現在は誰でも自由にティディムを訪問することができるようになっている。

私が初めてティディムを訪れたのは２０１４年（写真5）、ミャンマーでは31年ぶりの国勢調査が始まろうとしていたとき

写真5　ティディムに向かう山道

だった。これで私もようやくティディム・チン語の「本場」に辿り着いたと思っていた矢先、現地で目にしたのは、既存の民族アイデンティティーを根本から見直そうとするティディム社会の動きだった。町の至る所に〝われわれは（もはや「チン族」ではなく、）「ゾミ族」である！〟と訴えるポスターが掲げられている（写真6）。町の人に話を聞けば、国勢調査票の民族記入欄にある「チン族」の項目にはチェックを入れず、「ゾミ族」として、「その他の民族」の項目にチェックを入れようという運動が町をあげて行われているそうだ。それは、私が「ティディム・チン語」と言ったり書いたりするようなことがあれば、ときとしてティディムの人びとから「ゾミ語」と修正するように言われるほどの盛り上がりようであった。この運動は国内外にも広がり、政治面ではその他の地域のチン族と距離を置くことも多くなっている。

そもそもチン族というカテゴリーを定義するきっかけとなったのは言語学であり、語彙や文法の類似性といった言語学的な判断基準からグループ分けしたものだった。

チン族の住む山岳地帯は昔から交通や通信の便に恵まれず、地域によって宗教や慣習も大きく異なっていた。こうした地理的な背景がもたらした複雑な言語事情を、チン族は「ひと山越えればひと言語」という言葉でたとえる。ミャンマー国内ではチン族の母語を便宜上チン語と呼ぶが、ひとくちにチン語といっても、じつは50種類以上の言語を内包している。いくら言語学上は同系統であっても、各言語間の差は大きく、これといったチン族共通の言語もないため、同じチン族同士であっても少し

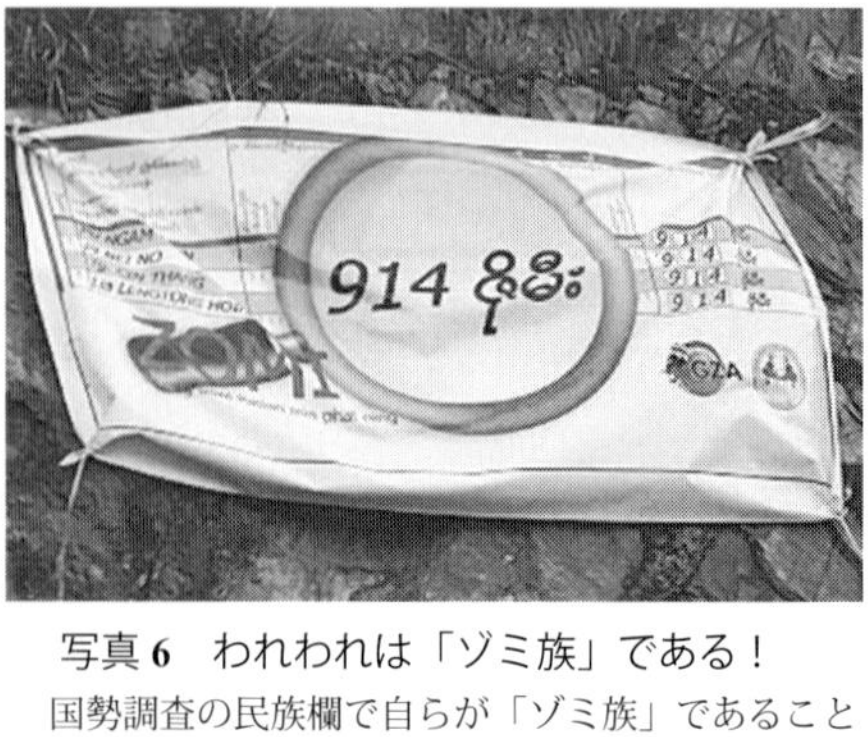

写真6　われわれは「ゾミ族」である！
国勢調査の民族欄で自らが「ゾミ族」であることを主張しようとするキャンペーンのポスター.

故郷が違えば母語で意思疎通を図ることはできない。こうしたなか、ミャンマー国内のティディム・チン語を話す人びとは、チン族という複雑きわまりない既存の枠組みを抜け出し、とくに政治面で「ゾミ族」という新たな民族カテゴリーを確立しようと奔走するようになっていた。近い将来、ティディム・チン語の話し手は、社会的にチン族の一部族ではなくなるのかもしれない。しかし、言語名や民族名が変わっても、言語の本質までは変わらない。言語学的な立場から見れば、やはり従来通り、その他のチン族の言語と近い関係にあることは否めないのだ。このように、言語学はときとして社会や文化のダイナミックな動きとは一線を画するように、客観的な立場から現状を把握していこうとすることもできる学問分野でもある。

フィールドワークを通して言語の調査をすることで、言語の音韻体系や文法構造だけでなく、最終的にはその言語の話し手を取り巻く社会を客観的に見ることにまでつながっていく。これまで、フィールドワークで得た言語のデータの多くが、詳細な音韻体系と文法の記述というミクロな部分の用途にしか使われてこなかった。しかし、それでは少しもったいない気がする。よりマクロな視点から話し手の社会の動態を見ている人類学や社会学、そしてオーラルヒストリーを扱う歴史学と連携し、それぞれの分野でどのような言語資料が求められているのかということも考慮しながら、データの収集と共有を進めていくことも今後必要となってくるだろう。

時代とともに変化するフィールドワークの姿

世界各地で人の往来が活発化している現在、私を取り巻く調査の環境も以前とはずいぶんと変わった。在日チン族だったハウさんはアメリカにあるチン族のコミュニティに移り、リアンさんとキキムさんは、もうヤンゴンには住んでいない。リアンさんは日本の大学院で政治学を学ぶことになり、キキムさんは香港の外資系企業で働くことになったのだ。めまぐるしい人びとの移動の一方で、情報技術の普及でコミュニケーションのあり方は大きく変わった。たとえば、海外に住むハウさんやキキムさんとは今でもオンライン上でのビデオチャットを通して調査を続けている。

このように、人やものが移動しやすい世の中になったことで、記述言語学のフィールド自体もけっして静的なものではなくなっている。そして、フィールドワークのあり方は時代の変化によって大きく変わりつつある。しかし、相変わらず人間は言語を駆使して社会をつくりあげ、文化を伝え続けている。これまでどおり、ティディム・チン語をありのままに記録しながら、他分野の研究者との連携を通し、一地域研究者として話し手をとりまく社会の動きや文化的な背景をどうとらえるかということも、考えておく必要があるだろう。言語の調査を通して、文化や社会の現状を知る温故知新の旅は、まだ始まったばかりである。

写真 7　ティディムの町の入口にて
左は筆者，右はリアンさん．

4 人との交わりから見る

人類学者の見方と、はみだし方

梶丸岳
KAJIMARU Gaku

2013年5月、ラオス人民民主共和国フアパン県のある村。私はフアパン県で歌われている伝統的な掛け合い歌「カップ・サムヌア」の調査のために、この村の村長の家に滞在していた。村長は50代前半でカップ・サムヌアの名手であり、しかも歌の伴奏に使うラオスの民族楽器ケーンの名工で、さらに楽器を作るだけではなく吹いてもすばらしい腕前という多才な人だ（写真1）。3カ月まえの2月にも葬儀や村の寺の祭りで歌われる歌や、儀礼について調べるためここにのべ2週間ほど滞在しており、今回はその続きをするために来ていた。村にいるときはほとんどずっと彼についてまわっているので知り合いは増えてきたが、それでもときどき私のことを知らない人に出会う。そんなとき、彼は私を紹介して言う。「日本から来た息子だよ」。

彼から「息子」扱いされるだけではなく、気がつ

写真1　できあがったケーンを試奏する村長

けばいつの間にか、村長の奥さんも私のことを「息子」と呼ぶようになっていた。ラオスではある程度親しい相手にわりとよく「息子」や「娘」、あるいは「兄弟」など家族を呼ぶのと同じ呼び方を使うので、日本でこう呼ばれるほど深い意味合いはないのだが、それでもこんなふうに呼ばれたとき「この村にも馴染んできたなあ」とじんわり感じる。そして嬉しい気持ちがわいてくる。やっと私も文化人類学っぽい調査できるようになったな、と。

私が専門としている文化人類学（以下、人類学と記す）では、調査対象となる村や町、さまざまな組織のなかにとけ込み、そこにいる人びとの暮らしをなるべくその人たちの側から眺め、暮らしや宗教、世界観の全体を記した「民族誌」という記録を残すことが求められてきた。それは学問が発展するにつれテーマ性が強くなり、調査対象が世界の辺境にある小さな村落社会から大都会に暮らす人びとのいろんな集まりに拡大していっても変わらない。この人たちは何をしているのだろう？この人たちはどのような社会に生きているのだろう？この人たちは、そしてひるがえって考えるに私たちは、どのようにしてこの世界に在るのだろう？こうした謎に、長年にわたって数多の人類学者が挑み、世界における人間社会の多様さと複雑さを少しずつ解き明かしてきた。次節では私のフィールドワークから一度離れて、人類学で典型的なフィールドの見方を紹介しよう。

人類学者の眼：いわゆる「ふつう」の人類学者

人類学者が行う調査では基本的に「なんでも見るべし」ということになっている。家の間取りから畑の広さ、農作業のやり方、生活用品、炊事洗濯の方法から子どもの産み方、葬儀の方法。人付き合いのありかたや社会集団の分かれかた、おばちゃんのうわさ話から深遠な神話まで。およそあらゆるものを記録していくことが、少なくともかつての人類学ではよしとされた。ほとんどの人類学者は調査地において「なんでも根掘り葉掘り聞いてメモする人」である。今でも長期フィールド調査が求められる地域で調査するときには「なんでも」調べようとすることが多い。これは、人類学者がなにに関心を持つ（べき）かに深くかかわっている。

人類学の大きな目標は「他者を理解しようとする」ことにある。他者というのは簡単にいえば自分以外の人間だ。かつての人類学において、「他者」とは遠い地に住む民族集団であった。その社会構造（どういう風《ふう》に社会が成り立っているのか）や神話・象徴体系（どういう風に世界を理解しているのか）などを、なるべく調査対象である「他者」の視点から明らかにすることが人類学者のテーマであった。こういう「全体として人間社会をとらえる」視点を全体論的視点という。人間というのはご飯になにを食べるかという問題からどうやって神様を拝んだりするかにいたるまで、なにをするのも考えるのもぜんぶその人たちの住む世界全体とつながっているのだから、どんなトピックに重点をしぼって調査するにしろ、一見関係なさそうに見えるところまで全体をとらえられるように調べろ、というわけだ。これを達成するために、多くの人類学者は遠くの地へ出かけていって、そこの言語を習得し、人びととのさまざまなつきあいを通して社会の一員として居場所を確保し、調査者（そして人間）としての信頼を得つつ、なんでもかんでも聞いてまわるのだ。そして「全体」のつながりを明らかにするために、何度も同じ場所に通いながら、1年から2年もの長きにわたってフィールドに滞在することになる。こうしたスタイルの調査は今でもある程度模範とされていて、とりわけ大学院生のうち日本（にある家）に帰ってくるのが難しい海外調査を行う人には、1年以上の現地調査が要請されることが多い。かくして人類学者が長期入ったフィールドに別の人が行くと「誰それはなんでも書いていった」といろんな人から言われることになる（これは私が以前ラオスのとある村に行ったときに、実際いろんな村人からさんざん聞いたセリフである）。

だが、人類学の発展につれてそれぞれの調査のテーマがはっきり分かれていくようになり、現代ではおのおの自らのもつテーマに沿ったことを集中して調べるようになっている。一見すると全体論的な調査をしていても、興味の中心はたとえば「民族意識」や「布を織る人びと」、「入れ墨を入れること」などなにか特定の事柄にあり、そこと明らかに関係のない事項についてはそれほど深く調べない。調査テーマと直接関係ない、地域の暮らしぶりなどの知見は現地で調査・生活する必要や好奇心からどんどんたまっていくのだが、調査の場所や期間に制約がある以上、調べることに偏りができるのは必然である。

こうしたテーマ性の問題だけでなく、現代における世界中の人間社会の在りようが変化したことも、人類学者がフィールドを見る眼に大きな影響を与えている。かつての人類学（民族学）では自己完結的な「民族集団」を扱っていたが、交通や通信手段が飛躍的に発展しグローバル化が進んだ現代にあって、こうした集団を想定するのは非現実的である。どんなに「隔絶」されたように見える集落を調査していても、実際はしょっちゅうよそから来た誰かが集落を訪れ、少なくない村人が外の町に出稼ぎに出ていたりしており、集落の外とのかかわりなくして集落を語ることはできない。地球上どこに行っても何らかの形で人間の形成する「集団」や「社会」は他の「集団」や「社会」と個人的・集団的に接触し、関係をもっているのだ（写真２）。

さらにそもそも「同じ地域に住んでいる人がひとつの集団を形成している」という想定自体、現代では明らかに誤って

写真２　ラオスで「日本」に出会う

いることも多い。都市はその典型例である。同じアパートに住んでいる人びとが誰なのかを知っている人は少ないだろう。「隣はなにをする人ぞ」状態である。こうした場所では、人びとは個々にさまざまなつながりのネットワークを生み出したり、つながったりしては離脱している。

こうした現代社会における（新たな？）「他者の集まり」を「民族集団」などという枠組みでとらえることはできない。学校やサークル、アルコール依存症やＨＩＶ患者などの自助組織、大学の研究室といった従来の人類学では対象となっていなかった組織に焦点を合わせて、そこに参加する「他者」を、それぞれがそれぞれの人生を生き、さまざまな選択をする個々人としてとらえて調査をする必要がある。ただ、まさか調査対象の組織に属する人びとに始終くっついてまわるわけにもいかない。たとえば学校の教室も銭湯も実験室も立派な「調査地」であるが、そこに来る人の家に居候させてもらって24時間行動をともにするのは難しいだろう。よって、調査は調査地での直接観察と人びとへの聞き取りが中心になる。

こうして、場合によっては人類学の調査は限りなく社会学などで行われている「フィールドワーク」とそっくりな姿になっている。こうした調査を、あくまで人類学的な知の集積に立脚して行い、多様な民族誌を参照しながら、先進国／発展途上国や自国／異国といった区別にとらわれず世界中の人びとの在り方とフラットに比較し考察すること。こうしたスタイルの調査も、現代の人類学では広く行われている（佐藤 ２０１３）。

人類学者としての私の眼：「なにこれ？」への探究

さて、私の話に戻そう。ここまで寄り道して「人類学」一般の話をしたのは、私の調査が人類学としてはちょっと変わっていて、人類学者がどうフィールドを見ているかを示す典型から少し外れているからだ。

私の研究テーマは「掛け合い歌」（あるいは「歌掛け」）、つまり一定の旋律に歌詞をその場でつけて歌を掛け合う芸能である。具体的には中国貴州省の「山歌」、秋田県で歌われている「掛唄」、そして2013年から本格的に調査を開始したラオスの「カップ・サムヌア」である（図1）。

このテーマは人類学者としては少し（かなり？）変わっているが、ある種の芸能が人びとの間でどのような役割を果たしていたり、どのように行われていたりするのかといったことも、人間社会の多様さを解き明かすうえでそれなりに重要である。だがこれまでこのテーマを研究した人類学者はほとんどいない。掛け合い歌では歌い手も聞き手も研究者もみな「その場で歌詞を考えて歌い合う」ところが最も大事なポイントだと思っているのに、そのやりとりを中心として研究する人は、ほとんどいなかったのだ。

2004年2月、当時大学院修士課程の1年目だった私は、掛け合い歌の調査をするために中国貴州省を初めて訪れた。調査対象は漢族やプイ族が歌う「山歌」と呼ばれる掛け合い歌だ（写真3）。事前情報として知っていたのは、「どうやら男女が歌を掛け合って恋愛をするという習俗が中国の貴州省にあるらしい」「なんだかロ

図1　三つの「掛け合い歌」の舞台
中国の貴州省，日本の秋田県，ラオスのフアパン県.

マンチックである」という程度のことである。だが実際に貴州省に行ってみると、若い男女の恋の掛け合いなどさっぱりなく、歌っているのは中高年のおじさんとおばさんであり、掛け合いも歌詞がわからなければひたすら同じ旋律の歌が続く意味不明なやりとりであった。なにがおもしろいのかさっぱりわからないが、なぜかおもしろい。「なにこれ?」。この疑問が、私の掛け合い歌研究の始まりであった。

とはいえ2010年に貴州省での調査を一段落させるまで、先に述べたような「いわゆる人類学っぽい調査」はあまり満足できるほどには進められなかった。とくに、さまざまな事情と理由から村落調査を行わなかったことは、人類学をやっている人間としてどことなく引け目があった。だから冒頭に書いたように、ラオスの調査では村の居候先で「息子」扱いされて嬉しかったのである。

写真3　中国貴州省の「山歌」のステージ

とはいえ、もちろん中国で人類学者っぽいことを何もしなかったわけではない。私が貴州省で行った調査は大きく分けて三つある。一つめは掛け合い歌が息づく社会の在り方に関する調査、二つめが掛け合い歌の映像と音声による記録、そして三つめはその書き起こしと分析である。なお、この三つは秋田県の掛唄とラオスのカップ・サムヌアの調査でも行っている。この三つのうちで最も「人類学者」的な調査は、一つめである。ちなみに二つめと三つめのような調査も人類学的フィールドワークでときどき行われはするが、ふつうは私がしたほどの比重は占めない。

一つめの「掛け合い歌が息づく社会の在り方」というのは、掛け合い歌がいま歌われている状況が成立するにあたって関係するさまざまな要素とその関係の在り方のことである。どの国にも文化政策というものがあるが、一党独裁の社会主義国家である中国やラオスの場合はとくに「どのように国民を共産党の指導の下に統合するか」という問題が政策の根本にある。また国の経済状況や人びとの遠い地域や国への移動といった要素も無視できない。そうしたマクロな(つまり相対的にグローバルな)状況から、掛け合い歌が歌われる儀礼を含めた宗教の実態、歌い手の人間関係や聴衆の関心、掛け合い歌が普段の生活とどのようにかかわっているのかといったミクロな（つまり相対的にローカルな）状況にいたるまで、その全体の事実について明らかにしなければならない。

マクロな状況についての調査は文献を探して読み込む作業が主になる。そこで頼りになるのが地元の古本屋である。貴州省の調査では省都貴陽のど真ん中にある観光名所になぜか少数民族関連の古書を取りそろえた小さな古本屋があり、調査で貴州を訪れるたびに立ち寄ってはめぼしい資料を探索した。他にも少数民族関連の文献が充実している図書館に行って本をコピーして持ち帰ることもあった。掛唄の調査では地元の図書館で一般にでまわっていない資料を閲覧したり、掛唄保存会の方から資料をいただいたりした。ラオスでは古書店に通ってラオス研究関連書籍を買い込んだり、県の図書館で統計資料をあさったりしている。こうした文献収集はまさに胸の高鳴る宝探しである。

こうした資料探索で重要なのは、「なにが必要か」を意識しつつなるべく手早く書籍に書いてあるトピックをつかむこと、そして物事の関連可能性を広く想定しておくことである。無限に本が読める／買えるなら「棚のこっちからこっちまで」といったとんでもない買い方もできるが、ふつうは無理である。そこでタイトルを見て、目次を見て、気になるならなかをぱらぱらとめくって、古本屋なら買うかどうか、図書館なら借りるかどうかを判断することになる。たとえば貴州省の山歌について知るなら、プイ族の文化研究に関する本は必須であり、ほかにも貴州省や中国政府の少数民族政策についての本も必要になってくる。さらに歌詞の分析のためにプイ語や中国語についての文献や山歌の歌詞を収集・編纂した書籍も集めなくてはならない。それらに優先順位をつけ、可能な限り集めることになる。

一方、ミクロな状況についてはいわゆる最も人類学らしいフィールドワークが必要になる。貴州省の調査のなかで重要な位置を占めていたのが近年山歌の新たな場として存在感を発揮している「歌会」、そしてその主催者としての「プイ学会」という団体である。貴州省の調査では歌会やプイ学会について、主催者らに中国語でインタビューを行った。そこではどのように歌会が企画されているのか、プイ学会がどのような人びとによって組織されているのか、また歌会やそのほかの掛け合い歌の場に集まって歌っている人びとがどういう関係にあるのかを質問した。ほかにも歌い手に会えばいつから歌っているのか、どのように歌を学んだのか、歌うにあたってなにを重視しているのか、さらに山歌で結婚した人が実際にいるかどうかも聞いてまわった。貴州省では村落調査を一切しなかったのだが、機会をとらえて農村にある歌い手の家に泊まってその暮らしぶりを垣間見たこともあった。こうしてさまざまな機会にいろんな人から山歌に直接関係することを、思いつく限り根掘り葉掘り聞いた。

これによって、山歌が中国の少数民族政策に翻弄されつつもしぶとく生き残ってきたこと、現代の山歌は現地社会においてほんの30年前とはかなり違う位置を占め、歌い方にも変化があること、それでも最も根本的な「同じ旋律に言葉をどんどんはめて歌う」という特徴は変わらないということがよくわかった。日本でも中国でも伝統芸能に対してよく「昔から変わらない」という枕詞がつくが、実際には山歌を取りまく状況も、山歌自身も変化し続けていたのだ。考えてみれば当然のことなのだが、この「当然」を具体的なデータから示せたのは、人類学的調査のたまものである。

ただ、最終的に山歌の調査結果をまとめる段階になって、歌い手個々人の背景に充分迫れていないことが反省点として浮かび上がってきた。とくに家族構成や歌い手間関係、また「歌っていないときはなにをしているのか」について充分深くつっこめなかった。秋田の掛唄調査やラオスのカップ・サムヌア調査ではこの点を乗り越えるべく、山歌の調査で調べたことに加えて家族構成や家族が掛け合い歌の場に来ているかどうか、ふだんなにで生計を立てていて、歌い手たち同士はどういったつきあいをしているのかを実際に歌い手の家に滞在しながら観察し、質問してまわっている。これによって歌い手個々人の生活・人生や、掛け合い歌の外にある、掛け合い歌と関係ないものがどういうわけで「関係ない」のか、といったことにより深く迫れている。たとえば掛唄は半世紀以上前から毎年同じ日に大会が行われているのに、現在大会に参加したり聞きに来たりする人はとても少ない。また大会に参加する歌い手はほとんど決まっているのに、この人たちの間には普段ほとんど「掛唄仲間」的な交流がないことがわかっている。これは掛唄が社会でどのような役割を果たしているかを考える際に重要な意味をもつ。もし「掛唄と直接関係ないから」といって掛唄大会に来ない人の話を聞かなければ、掛唄が置かれている社会的環境を正しく把握することは無理だっただろう。

人類学的フィールドワークを進めることのもつもう一つの効果は、研究するうえでの倫理感を感覚として身につけられることである。人類学の調査では少なくともアンケート調査などよりかなり長い時間調査対象と接し、個人的なつながりを築きあげて進めていく。ラオスで私が「息子」扱いされているのはその一つの表れである。こうなってくると、調査対象が「対象」というより友人や親族のような関係になってくる。すると、「この人たちを裏切るわけにはいかない」「嘘を書くわけにはいかない」という気持ちになってくる。だからといってもちろん無用に礼賛したりもしないが（それはそれで嘘をつくことになる）、少なくともしっかりと根拠をもち、感覚としてしっくりくることを書いて話そうという意識を持つことになる。かつて民俗学や民族学の調査では調査先の迷惑を顧みずに貴重な資料を「略奪」していく大学教授や大学院生があって問題になっていた。今では「調査される迷惑」をきちんと教えまた現地で配慮すべしといわれているが（宮本・安渓２００８）、調査先の人びとと長く続く関係を築いていくならば、そもそもそうした迷惑行為はなかなか心情的に働けるものではない。もちろんどんな分野でもフィールドワークをするならそうした「迷惑」をかけないよう教えられるものであろうが、人類学の調査ではこれをより強く意識させられ、体に染み込ませることができるように思われる。こうして、調査対象と自分との関係についても思いを巡らせることになるのだ。

掛け合い歌研究者としての私の眼：「どうなってるの？」への探究

とはいえ、私はあくまで「掛け合い歌とはなにか」について研究しているので、「実際に歌の掛け合いはどのように行われているのか」ということにもおおいに関心がある。そこで欠かせないのが掛け合い歌の映像・音声記録と書き起こしである（写真４）。

先述のように、私が調査している掛け合い歌はいずれも旋律がおおむね一定であり、それは歌い手や聞き手の心を揺り動かすものというより、歌詞をそこに入れていく「容れ物」のような役割を果たしている。歌い手が重視しているのはこの「容れ物」にどのような歌詞を入れていくのかという点にある。最

写真４　山歌の収録風景

初山歌の調査を始めたころは掛け合い歌を民族音楽学として研究しようとしていたのだが、このことがわかってくるにつれて、むしろ歌の音楽的側面の分析はそこそこにして、歌詞の具体的な表現の分析をするべきではないかと思うようになっていった。この歌詞分析の土台となっているのが書き起こし作業である。

近年では会話を手軽にICレコーダーで録音できるようになったため、学生や研究者のあいだでインタビューを録音して書き起こす人が増えている。私自身もまれにインタビューを録音して書き起こすことがあるが、案外これが時間と労力のかかる作業なのだ。歌の書き起こしはこれとは少し異なる大変さがある。確かに掛け合い歌はさほど早口にはならないし、歌い手のやりとりも日常会話ほどスピーディではないので、その点は楽なのだが、問題は歌うことで格段に言葉が聞き取りづらくなることだ。とりわけ私が調査している山歌とカップ・サムヌアで使われる言語はいずれも、イントネーションで言葉を区別する声調言語なので、歌にしてしまうと声調が崩れて、現地の人でも歌を聞き慣れた人でないと歌詞が聞き取れない。

山歌研究に際しては、さらなる困難が待ち受けていた。山歌には中国語貴州方言で歌われる「漢歌」とプイ族固有の言語であるプイ語で歌われる「プイ歌」があるのだが、私はさほどプイ語に精通しているわけではないので、プイ語で書き起こしたあと中国語でさらに解説してもらう必要があったのだ。

ほかの歌ではこの「母語でない言語から母語でない言語へ」の翻訳作業は必要ないが、歌詞に関して解説が必要なのは漢歌もカップ・サムヌアも同様である。これらを書き起こす作業は、調査助手をお願いした方とやりとりし、議論を交わしながら一言一言できるかぎり緻密に理解しながら進めていく必要がある。なぜなら、山歌もカップ・サムヌアも、たとえば相手の歌を讃えて「天上の七仙女の耳にも入り、下界に降りてきて歌った人を探すよ」といったような、日常生活では使わない修辞を駆使しながら掛け合いを行っていくのがよいとされているからである。何十年もかけて掛け合いを聞き続けそれぞれの歌に精通すればおのずとわかるのかもしれないが、そんな時間はないし、そもそも私が調査者として知りたいのは「歌っている人、聞いている人」の歌詞に対する価値観なので、そんなことをやる意味もない。かくして、掛け合い歌の書き起こしはただならぬ書き起こしになるのだ。

掛唄の場合は、そもそも掛唄保存会がほとんどの歌詞を記録しているので自分で書き起こす必要はそこまで高くない。表現自体もたとえば「唄の先生あなたに聞くが　うまく唄える薬ねぇか」「うまく唄うにゃ仕事の後の　ビールかお酒が薬です」（２０１１年の掛唄大会の掛け合いより）のように、普段の会話を規定のリズムである「七・七・七・五」にある程度はめただけの言葉が使われるのでそこまでの苦労はないが、それでも歌い手の方々に歌詞の意味をある程度きちんとたずねておく必要がある。なぜなら掛唄調査ではおもに予算的・時間的な制約から長期間現地に滞在して調査するのが難しいため、インタビューによって歌詞で歌われた内容がその場限りのことなのかそれとも日常生活にまで反映されることなのかを確認しなくてはならないからだ。また、ときには歌詞のなかに私の知らない方言が混じっていることもある。何事も、聞いてみないとわからないのだ。

この書き起こし作業は緻密にやればやるほど、未知の言語を研究する記述言語学者の仕事に似てくる。そして、「理論的枠組み」というのはフィールドデータの見方を示してくれるものなのだが、人類学において「歌の掛け合い」を緻密に分析する理論的枠組みはない。むしろ言語学、とりわけ実際の言葉の使い方を扱う語用論という分野に理論的枠組みを求めたほうが有益である。かくして最近、私は自分を「言語人類学」という、コウモリ的立場に置こうと試みている。

言語人類学者の眼：そしてコウモリへ

コウモリという動物は鳥のように空を飛びながられっきとした哺乳類であるという、「どっちつかず」の生き物である。言語人類学とは端的にいえば、「言語を文化的資源として、発話を文化的実践として」研究しようとする分野である（Duranti 1997）。言語人類学者がなぜコウモリ的かというと、言語（またそれを含む表現）を研究の中心に据える点で言語学者的でありながら、言語の音韻体系や文法構造よりも、言語が文化・社会のなかで、そして日々の生活や儀礼においてどのように使われているのかに関心があり、そうしたある種の全体性のなかで言葉を理解しようとする点で人類学者的だからである。ちなみに「言語人類学」をひっくりかえした「人類学的言語学」という用語もあるが、どちらも実質的には同じものをさしている。それくらい、言語人類学はどっちつかずの分野なのだ。

あらためて「言葉」という視点から掛け合い歌を見てみると、掛け合い歌の歌詞を日常的な会話やそのほかさまざまな言語行為との関連でも考察する必要に気づかされる。掛け合い歌も歌である以上独特の言葉の使い方がされるのだが、山歌やカップ・サムヌアではさまざまな修辞的技巧が見られるのに対し、掛唄は日常の言葉遣いにかなり近いように思われる。だがこのことは「日常の言葉遣い」をしっかりと観察しなければ検証できない。山歌について調査していた段階ではまだこのことに注意が向いていなかったが、掛唄やカップ・サムヌアの調査では、掛け合い歌の記録をすると同時に、なるべく歌っていない普段の会話についても記録するように心がけている。そうしてみると、人は「どのようなときに、どのような話し方をするか」が気になってくる。

とはいえ、こうしたひろく言語行為一般について「気になる」といっても、なにをどう見るべきか、またどう見ることができるのかを知るためには、言語についてすでに深い研究の蓄積がある言語学の理論や、未調査の言語がどういった発音をしてどういった文法を持っているのかを調べる記述言語学者の調査手法について知らなくてはならない。そんなわけで、数年前から私はちょっとだけ言語学徒化している。こうした、「言葉から全体を見る」「全体から言葉を見る」という見方がおそらく「言語人類学者の眼」なのだろう。これをしっかり獲得するにはまだ時間がかかるが、掛け合い歌というものの在り方を明らかにするうえできっと新たなみのりある展開をもたらしてくれると期待している。

参考文献

佐藤知久（２０１３）『フィールドワーク 2.0』風響社．

宮本常一・安渓遊地（２００８）『調査されるという迷惑——フィールドに出る前に読んでおく本』みずのわ出版．

Duranti, Alessandro (1997) *Linguistic Anthropology*, Cambridge University Press.

Part II

掘る、集める、拾う

土に埋もれた有機物や陶磁器のカケラ、あるいは極域の海水を集める。フィールドの「見方」は、多くの人びととの共同作業の末に獲得されるものとなる。▲國木田は遺跡の土壌サンプル分析を専門とするが、サンプルを掘り出す現場に自ら足を運び、他分野の専門家と共同で作業することの重要性を訴える。▲館山は北極海における氷や海水の採集活動を紹介する。北海の時化《しけ》にも猛吹雪にも負けずに、ひたすら観測し続けるためには入念な準備と、現場でのコミュニケーションが欠かせない。▲野上は陶磁器片や窯跡の発掘により、近世のグローバルな交流史を追究するが、発掘現場はときには藪のなか、ときには海中にまで及ぶ。

5 シベリア・極東ロシアの遺跡を掘る

自然科学の眼で見た発掘現場

國木田 大
KUNIKITA Dai

初めての発掘調査

私が海外調査を行う契機となったのは、2000年の大学在学時（学部2年生）にロシア・沿海地方で行われたザイサノフカ1遺跡の発掘調査に参加したことによる。このときは、右も左もわからない学生で、恥ずかしながら調査の目的や背景もわからぬまま、先生に連れて行っていただいた記憶がある。私にとっては、考古学調査もさることながら、異国の人びとの表情や刻々と移り変わる景色も、印象的だった。

とりわけ、ロシアの考古学調査で行われる考古学の日（8月15日）を祝うイベントは、10年以上経過した今でも新鮮な記憶として残っている。この日は、初めて考古学調査に参加した若者に対して、考古学の「素晴らしさ」とフィールドでの「苦労」を模擬体験させるために、さまざまな趣向を凝らしたイベントが催されていた。私もこのイベントの洗礼を受け、顔に泥を塗られたり、湖に投げこまれたりした。なかなか衝撃的であったが、イベント後には、身振り手振りではあったが同世代の学生と交流を深めることができ、大変有意義な経験となったのを覚えている。

ロシアの考古遺跡の重要性

考古学は、物質文化を通して人類の過去を研究する学問である。そのため、土器や石器などの物質文化の発掘というフィールドワークが、考古学の基礎となる。一方、考古学のなかには、土器や石器を発掘するだけでなく、地考古学のように地質現象を探る分野や、民族考古学のようにさまざまな地域に暮らす人間集団を研究対象とする分野もあり、いずれも考古学のフィールドワークにかかわっている。私の専門分野である遺跡や遺物の年代測定といった自然科学分析も、その一つである。

私がこれまで参加した海外調査遺跡はすべてロシアにあり、大きく2カ所に分かれる（図1）。一つは、バイカル湖周辺のアンガラ川流域であり、乾燥・寒冷な気候特徴のシベリア亜寒帯が広がる。もう一つ

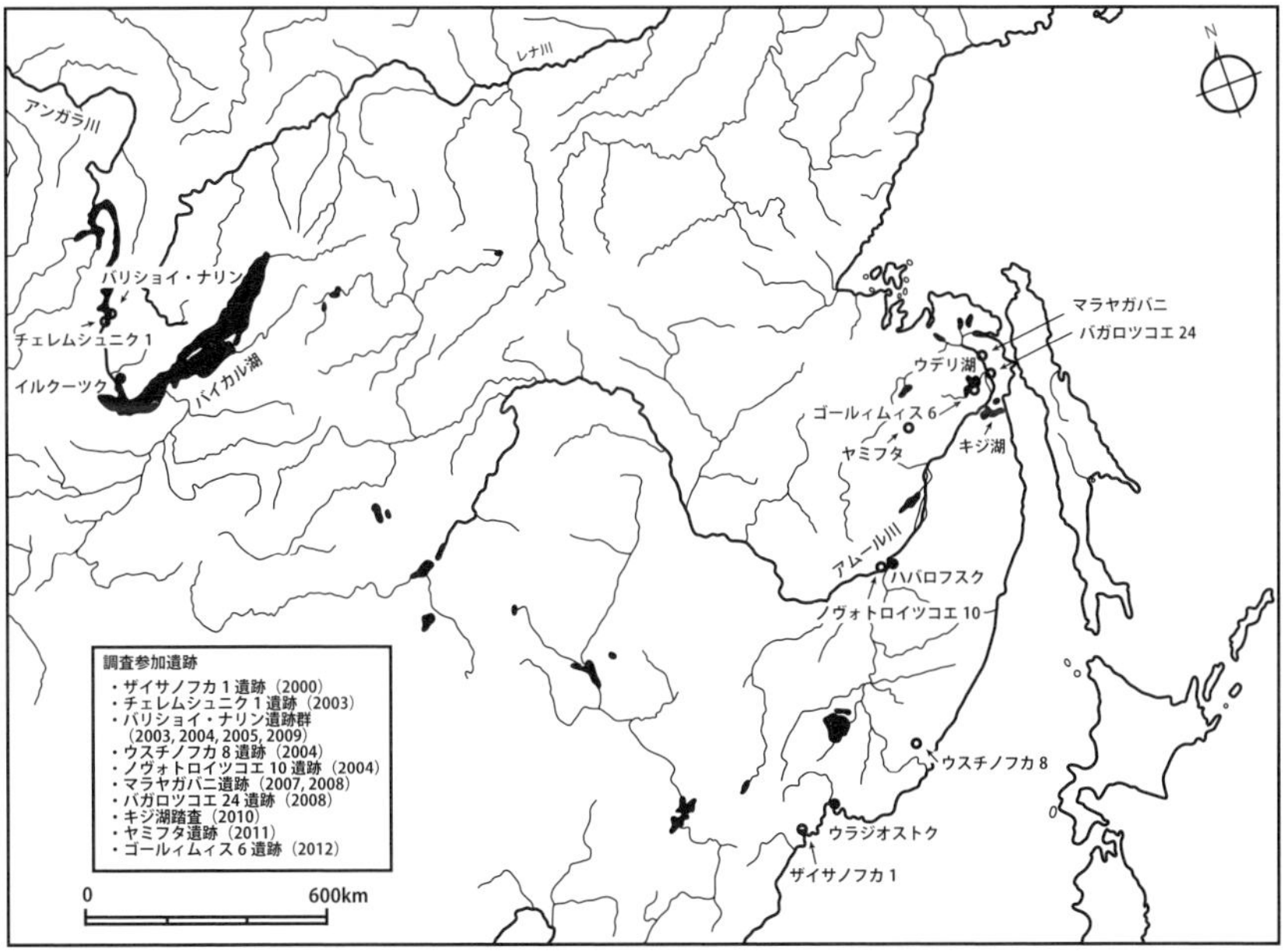

図 1　筆者が発掘調査に参加した遺跡（**2012** 年まで）
アンガラ川流域，アムール川流域および沿海地方.

は、極東地域と呼ばれるアムール川流域や沿海地方である。

極東地域の自然環境は、北緯50度以北のアムール川流域とサハリン北部では北方針葉樹林が卓越し、東シベリアのタイガ地帯に連なっていく一方、北緯50度以南のアムール川流域・サハリン南部・北海道には、亜寒帯性の針葉樹と冷温帯性の広葉樹が混生した針広混交林帯が広がっている。このような極東地域の自然環境の様相の違いは、先史時代にも想定されるため、サハリンと大陸の境界にある間宮海峡の北辺域における先史時代の文化変遷や生業戦略の復元が、考古学上の重要な課題となっている。

地質学上で更新世にあたる後期旧石器時代、北海道やサハリンは大陸と繋がっており、シベリアや極東地域の広い範囲で共通の文化現象が確認されている。とくに約2万年前には、細石刃と呼ばれる小型の替え刃（幅1㎝あるいはそれ以下）を、溝を彫った骨製の道具などに埋め込んで使用する細石刃技術が、シベリアから中国北部や朝鮮半島、沿海地方からサハリンや北海道を含む日本列島、そしてカムチャツカ半島からベーリング海峡を渡ったアラスカ半島にまで広がったことが知られている。細石刃技術は、寒冷環境である高緯度地域への人類の進出・環境適応という点でも注目される。また、続く1万数千年前の土器出現期では、系統関係は不明であるが、文化形成に関してこの地域に大局的な類似性を見出せるかもしれない。

縄文時代以降は、北海道と大陸との直接的な交流関係を示す文化現象は、サハリン南部以外では大きく二つの時期で確認されている。一つは、約8千数百年前の縄文時代早期中葉の「石刃鏃」をともなった遺物組成（石刃鏃文化）である。石刃鏃とは石刃剥離技術で製作した石刃を素材とする鏃であり、縄文文化の石器製作のなかでは特異的な存在である。もう一つは、約3～13世紀（北海道では5～9世紀）のオホーツク文化である。オホーツク文化は、海洋資源へ高度に適応した文化であり、サハリンから北海道、南千島を中心としたオホーツク海沿岸に分布したことが知られている。北海道では、オホーツク文化や擦文文化の後には、アイヌ文化が形成される。考古学上のアイヌ文化の成立は、現状で14世紀頃と考えられている。アイヌ文化もまた、近年の考古学・文献史学・民族学の成果から、単に縄文時代以来の狩猟採集の伝統が継承されたものではなく、和人文化や山丹交易に象徴されるアムール流域や中国方面の諸文化と関係して、成立・展開したと見られている。

以上のように、シベリア・極東地域を研究対象とした考古学的な関心事は、後期旧石器時代の細石刃技術、土器出現期の様相、石刃鏃文化、オホーツク文化が主となる。これらの文化は、大陸から北海道へ伝播したものか、あるいはその逆方向なのか、文化伝播の想定までは明らかになっていない。そのために、詳細な発掘成果の蓄積や議論の深化が求められているのである。

これまでの調査事例

私が行ってきたフィールドワークの具体的な調査事例を二つ紹介してみたい。一つは、２００３年から調査に参加しているバリショイ・ナリン遺跡群、もう一つは07年と08年のマラヤガバニ遺跡である。調査チーム内での私の役割は、考古学的文化の時間的な配置関係を探ることにある。その当時の時間情報を有した有機物をフィールドから見つけ出し、採取・分析するわけであるが、地域や研究課題によって分析対象や手法が異なるため、一筋縄ではいかない。

（1）遺跡と遺物の年代を解明する：バリショイ・ナリン遺跡

バリショイ・ナリン遺跡の調査は、東シベリア地域の後期旧石器文化の成立過程を解明するために、イルクーツク国立大学（代表：ゲルマン・メドヴェージェフ）と北海道大学（代表：加藤博文）が共同で計画したプロジェクトである。２００３年から、考古学・年代学・動物学・土壌学などの学際的な研究体制で調査が進められてきた。遺跡は、バイカル湖西部に位置するイルクーツク市の北方約１７０㎞に位置するブラーツク貯水池（人造湖）沿岸に所在する。人造湖の出現によって、かつての丘陵部が侵食され、湖岸一帯に多量の石器や動物骨が露出し、数多くの遺跡が確認されている。

日本からは、イルクーツク市まで航空機で移動した後、アンガラ川沿いの陸路を車で北上する。遺跡の堆積層は、風性起源の斜面堆積物である砂層（レス砂質土層）と古土壌層が互層になっており、多くの遺物は古土壌層中に含まれている。発掘調査は夏季に実施され、その後、大学で遺物の整理や分析が行われた。

考古学では、出土遺物を遺跡の層位と遺構ごとにまとめ、土器・石器・動物遺存体・自然科学分析のように分担して調査や報告がなされることが多い。私は、自然科学分析の^{14}C（放射性炭素）年代測定を担当した。^{14}C年代測定法では、通常測定に有用な木炭などの炭化物資料や動物遺存体（遺跡に残された動物の体の一部）が分析対象となるが、本プロジェクトでは環境変遷と人間活動の関係を探る目的もあったため、土壌堆積物の構成物質を含めた総合的なアプローチを試みた。地表から一定の深さごとに土壌を採取し（写真１）、土壌物質（全有機質炭素、ヒューミン、フミン酸、土壌炭酸塩）の年代値の比較検討を進めた。古土壌層中では、木炭や動物遺存体が出土し、土壌構成物質の年代とクロスチェックを行い、整合的な結果を得た。05年度までに出土したバリショイ・ナリン遺跡の石器群の年代は、約２万９千〜３万７千

写真１　遺跡の堆積物サンプリング
地層を判別し，プレートをつけている．バリショイ・ナリン１遺跡では，レス砂質土層と古土壌が互層（交互に堆積している状態）をなしている．

年前であることがわかった。石器技術とそれらを取り巻いていた動物群や自然環境の復元は現在も継続中である。

（2）遺跡内の文化の変遷を解明する：マラヤガバニ遺跡

マラヤガバニ遺跡の調査は、ハバロフスク地方郷土誌博物館（代表：イーゴリ・シェフコムード）と東京大学（代表：大貫静夫）の日露共同調査として実施された。遺跡は、ハバロフスク地方ウリチ地区スサニノ村からアムール川右岸を約7㎞上流側に行った場所になる（写真2）。日本からは成田・ハバロフスク間を航

写真2　遺跡周辺の風景
マラヤガバニ遺跡の測量調査の様子．針広混交林から北方樹林帯への移行地帯に位置する．

写真3　小型ボートで遺跡に向かう
スサニノ村からマラヤガバニ遺跡までは小型ボートに乗って移動する．アムール川流域の調査では，小型ボートが活躍する．

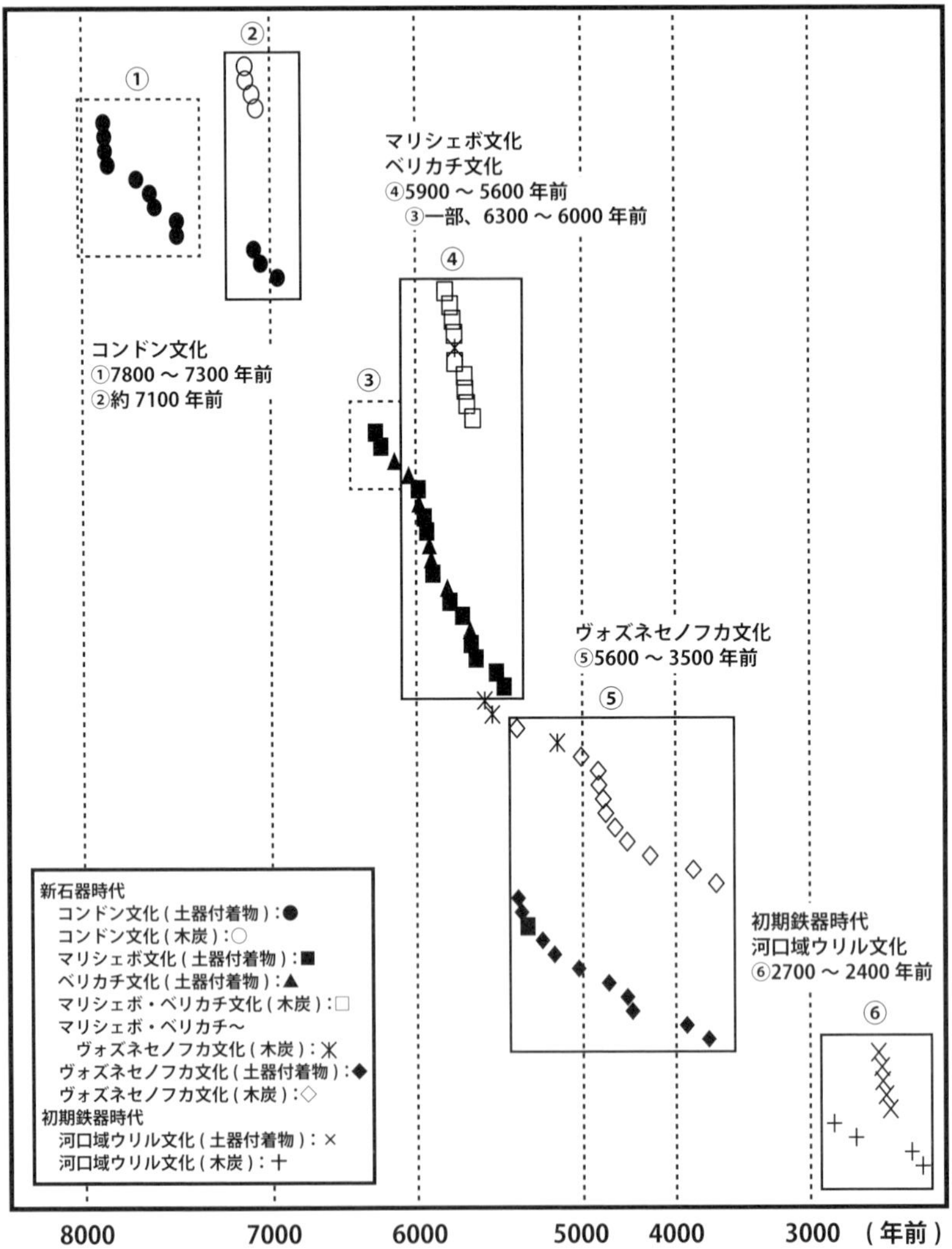

図 2　マラヤガバニ遺跡における先史文化の年代変遷

主に次の 6 時期に分かれる．コンドン文化（7,800 ～ 7,300 年前 , 約 7,100 年前），マリシェボ文化とベリカチ文化（5,900 ～ 5,600 年前 , 一部は 6,300 ～ 6,000 年前），ボズネセノフカ文化（5,600 ～ 3,500 年前），初期鉄器時代の河口域ウリル系文化（2,700 ～ 2,400 年前）．

空機、ハバロフスク・スサニノ村間を水上バス、スサニノ村から遺跡まではボート（写真3）で行く。

マラヤガバニ遺跡が所在するアムール河口域は、針広混交林帯から北方樹林帯への移行地域であるため、アムール流域と東シベリア系文化両方の痕跡が確認される。研究の主な目的は、発掘調査により、これら複雑な文化集団の変遷過程を探ることにある。

調査では地表から順に、Ⅰ層（初期鉄器時代、河口域ウリル文化）・Ⅱａ層（ボズネセノフカ文化）、Ⅱｂ・ｃ層（マリシェボ文化、ベリカチ文化）、Ⅱｄ層（コンドン文化）に分けられ、私は各層から出土した木炭と土器に付着した炭化物（おこげや煤）を年代測定して、各文化の年代解明に取り組んだ。その結果、主に6時期の年代のまとまりを確認でき、年代順に文化が変遷することがわかった（図2）。これまでの研究では、マリシェボ→コンドン→ボズネセノフカ文化という一部逆転する文化編年が示されていたため、新たな新石器時代編年を確立できた点は意義が大きい。本プロジェクトでは、この他に石刃鏃文化や、極東地域と東シベリア地域の接点における歴史動態の解明などが議論された。

フィールドに行くことの重要性

自然科学の「分析」を研究手法とする私が、フィールドワークに赴くことを奇異に感じる読者もいるかもしれない。誰かが採取した試料を日本の実験室で科学分析した方が効率がよい（あるいは分析だけ依頼すればよい）、という批判もあるかもしれない。しかし、私は次のように考えている。

先に紹介した二つの調査事例でわかるように、遺跡の性質や研究課題によって、自然科学の分析対象や手法が異なるため、分析科学者が直接フィールドに行った方が新しい発見を生む可能性は高い。バリショイ・ナリン遺跡では、土器・石器・動物・植物・土壌などの各研究者から要求される年代精度や年代課題はさまざまだった。とくに、刺激を受けたのは堆積層の認識差である。日本とロシアの考古学者間では発掘手法に起因する相違、土壌学者や古生物学者との間には分析視点や構成物に対して認識差があった。このときは、フィールドでの話し合いによって最大公約数的な共通理解を得ながら発掘調査が進められていき、その試行錯誤によって、私の土壌年代測定の着想も生まれたのである。

国によって分析手法や認識方法に差がある海外共同調査の場合、研究者間の信頼関係構築や意思疎通の関係上、なるべくフィールドワークを共にし、議論を行うことが望ましい。フィールドワークにとって、同じ経験にもとづく問題意識の共有は非常に重要である。

また、私の経験上、自ら苦労して採取した分析試料はモチベーションの向上にも繋がり、その後の進展も期待できる。この点でも、フィールドに赴く意義は大きい。

フィールドワークと政治

フィールドワークは常に危険がともなう調査であるから、お互いの信頼関係や相互理解があってこそ成立し得る。このことは、野外の安全対策だけでなく、ときとして政治的な問題にかかわる場合もある。私らがいま、ロシアで調査結果を出すことができるのも、先人たちの苦労や努力の礎があったことを忘れてはならないと思っている。

第二次世界大戦後、極東ロシア・シベリア地域はソビエト連邦の社会主義体制下にあったため、東西冷戦の対極にあった日本から研究者が入国し、自由にフィールドワークを実施することは困難であった。

この地での組織的な日ソ共同発掘調査は、１９８６年の加藤晋平らの調査が最初である。この調査は、日本におけるシベリア考古学研究のパイオニアであった加藤九祚・加藤晋平・木村英明らの交流により実現したものである。その背景には１９８５年以降の旧ソ連邦のペレストロイカ政策の一環として展開されたグラスノスチ（情報公開）の影響もあったが、当時の社会情勢を克服し、さまざまな困難を乗り越えた加藤らの功績は大きい。

１９９１年のソ連邦の崩壊後は、ロシア国内での考古学の最新動向を把握することが可能となり、両国間での研究交流や発掘調査を含めたフィールドワークも比較的自由に行えるようになった。考古学分野の代表的な初期の日ソ・日露共同調査を表１に示す。

共同調査の時代へ

90年代前半の調査は、研究者間の交流に重点が置かれていたが、90年代後半になると長期のフィールド調査を前提に共同研究体制が組織され、日露共同での発掘や成果報告書も数多く刊行されてきていた。当時の共同調査の詳細な経緯は「考古学ジャーナル」「北海道考古学」「北方博物館交流」などの雑誌に掲載されているので参照いただきたい。

表１　代表的な初期の日ソ・日露共同調査

発掘調査
プロムィスロヴォエⅡ遺跡（サハリン州・89年・野村 崇ほか）
パジリク古墳群（アルタイ共和国・90,91年・北方ユーラシア学会）
ポリェーチエ4，セドィフ遺跡（サハリン州・91年・木村英明ほか）
アンフェルツェフォⅡ，カルチョームⅢ遺跡（サハリン州，ハバロフスク地方・91,92年・北海道開拓記念館「北の歴史・文化交流研究事業」）
スパファリエヴァ島（マガダン州・93年・山浦 清ほか）
ウスチアインスコエ遺跡（サハリン州・93年・山浦 清ほか）
ウスチノフカ3遺跡（沿海地方・93年・梶原 洋ほか）
アムール河口部の一般調査（ハバロフスク地方・96年・臼杵 勲）
ギルマン遺跡ほか（ハバロフスク地方・97年・加藤博文ほか）
クラスキノ土城（沿海地方・踏査は92年開始，98年以降・田村晃一ほか）
考古学に関連する分野の調査
アムール川流域の民族学的調査（90年以降・佐々木史郎ほか）
人間活動と環境変遷をテーマにした調査（サハリン州・96, 97年・辻 誠一郎ほか）

２０００年以降は、札幌大学・札幌学院大学・北海道大学・北海道開拓記念館・筑波大学・東京大学・中央大学・青山学院大学・國學院大學・慶應義塾大学・首都大学東京・金沢学院大学・九州大学・熊本大学などの研究者により、たいへん多くのフィールドワークが実施されている。また、日本以外でも韓国やアメリカなどとの国際共同調査も活発に行われている。

これらのフィールドワークを組織するうえで重要になるのが、学際的な研究チーム（たとえば写真４、写真５）の構築である。発掘で得られるデータは、土器や石器といった物質文化だけではなく、骨や花粉などの動植物遺存体、遺跡の形成過程や当時の自然環境を復元するのに必要な堆積物などからの情報も含まれる。理想的には、考古学者だけではなく、動植物学者、地質・地形学の専門家、私のような直接分析に携わる自然科学者を調査チームに加えるのが望ましい。

実際、先に挙げた過去の調査でも多くの学際的な

写真 4　遺跡の共同調査風景
さまざまな分野の研究者や学生が集まっている．バリショイ・ナリン２遺跡にて．

写真 5　遺跡発掘の研究チーム
発掘では調査チームの編成が重要になる．マラヤガバニ遺跡にて．

チームが組織されてきた。辻 誠一郎らの調査（表1）では、植物調査、地形・地質調査、遺跡調査の3つを合同で実施する試みがなされており、興味深い。また、単に研究者だけではなく、将来の交流や若者の育成をはかるうえで、学生の参加も欠かすことができない。しかし、海外フィールドワークの場合、移動手段や予算の都合上、調査人数の制約はつきものである。調査責任者は、研究計画や想定される状況を鑑みながら慎重に調査組織を検討しなければならない。調査参加者は、より多くの情報を現場から抽出するためにも、自分の専門以外のさまざまな知識や分析方法の試料採取・記録・保管などに対して理解が必要となる。私も、生粋の考古学者ではないので、調査のお役に少しでも立てるように、努力している最中である。

フィールドワークの苦労や楽しみ

これまで私が経験したフィールドでの苦労や注意点を、生活面・自然環境面・交流面・その他に分けてまとめてみた。苦労や楽しみの受け止め方は人それぞれなので、必ずしも的を射た注意になっていないかもしれないが、その点はご容赦いただきたい。

（1）キャンプ地の生活事情

フィールドはたいていアクセスが困難な地域にあるため、移動の段階で必ず苦労する。当然、日本側は地理に不案内なので、ロシア側の案内で調査地に向かうことになる。綿密な準備をしていても、車やボートなどの移動手段の故障や、急な運航のスケジュール変更、悪天候などにより、日程通りにいかないことの方が多い。マラヤガバニ遺跡の調査では、悪路による車の故障で、野営を余儀なくされたいへん苦労した。また、キジ湖の踏査では、悪天候やボートの故障で数時間漂流することもあった。移動時におけるトラブルは、悪天候によることが多いので、いつでも野営可能な状態（テントや寝袋の携帯）や雨具をすぐに取り出せる準備をしておく必要がある。とはいえ、予測不可能なことが多いので、あまり心配しても仕方がない。

フィールドワークを行うにあたっては、最初にキャンプ地の設営をしなければならない。多くの場合キャンプ地は、個人の寝床である小さなテントと、全員が揃って食事のとれる手づくりのダイニングスペース、食事をつくったり暖をとったりする炉からなる（写真6）。

キャンプ生活で必要不可欠となるのは、水と火、そして食料である。水については、近隣の湧水やきれいな小川の水を煮沸して用いることが多いが、川から遠距離の調査地やきれいな水が手に入らないときは、村の井戸水やミネラルウォーターを調達することもある。薪はキャンプ地付近から集め、着火の際には白樺の皮などを用いた。キャンプ設営や食

写真6　河畔のキャンプ地
夕食後の団欒．マラヤガバニ遺跡調査時．

事づくりは、主にロシア側の担当となる。われわれ日本人ももちろん手伝うのであるが、キャンプ生活に不慣れな日本人は、まったくの無力であることを毎回痛感させられている。

当然、キャンプ地に風呂はないので、調査後は川や湖で行水することになる（写真7）。08年のバガロツコエ24遺跡の調査では、キャンプ地から川が離れていたため1カ月間は水浴びができず、難儀した。ただし、ロシアにはバーニャと呼ばれるサウナがあり、近隣の民家にお邪魔する機会や、キャンプ地に手づくりで設営されることがあり、このときは格別である。

（2）日本とは異なる自然環境

フィールドワークでは、街暮らしの日本人にとって想像できないさまざまな自然現象を経験する。苦労することもあれば、壮大な景色や美しい夕陽、虹の眺めに出会うこともできる。

バリショイ・ナリン遺跡では大陸特有の寒暖差、極東地域では日本の梅雨のような蒸し暑さに苦労した。調査中は絶えず大量の蚊やブユに辟易することになるし、ハチやヘビの被害にあうことも少なくない。マラヤガバニ遺跡の調査では、遺跡周辺がヒグマの生息地になっていた（写真8）。キツネに靴を持って行かれたこともあった。

写真**8**　ヒグマの足跡
フィールドには先客がいることも珍しくない．マラヤガバニ遺跡調査時．

写真**7**　アムール川での行水
マラヤガバニ遺跡調査時．

動物や昆虫は注意を払う対象となるが、なかには恩恵をもたらしてくれるものもある。アムール川流域の調査では、サケやカラフトマス、ナマズやコイ科の魚を網でとって、ウハー（魚スープ）や魚ハンバーグなどにして頻繁に食す（写真9）。シベリアの調査では、バイカル湖にしか生息しないオームリ（サケ科の一種）を食す機会もあった。遺跡周辺のキノコやベリー類も食卓に上ることが多い。調査中は、保存のきくマカロニやカーシャ（お粥、蕎麦の実が多い）が主食なので、新鮮な食材は有難い。調査地で確保した食料をその場で食するというのもフィールドワークの醍醐味の一つである。

（3）賑やかなロシア流の宴

冒頭で紹介した考古学の日のイベントだけではなく、調査中は多くの交流の機会がある。食後にはたいてい宴会が繰り広げられ、楽しい一時を過ごすことになる。ロシアの作法では、ウォッカを飲む際に必ず乾杯の挨拶が必要で、賑やかな雰囲気で宴が進む（写真10）。ただ、私のようにアルコールに強

写真9　獲れたカラフトマスを調理する
マラヤガバニ遺跡調査時.

写真10　キャンプでの楽しい宴
バリショイ・ナリン遺跡調査時.

くない場合、ウォッカの効果は絶大で、後悔することも多々ある。

調査中には必ず誰かの誕生日があり、盛大にお祝いをする。日本側も、ときにはカレーや蕎麦、肉じゃがなどの日本食を振る舞い、食文化についても話が弾む。私のように語学が不自由であっても臆することはない。

（4）先住民への理解と配慮

生活面や環境面以外でも戸惑うことは多い。極東地域では、ウイルタ・アイヌ・ニブヒ・ネギダール・オロチ・ウリチ・ナーナイ・ウデヘなどの先住民族の方にお会いする機会もある。遺跡の調査は、先住民文化の形成過程を解明することに繋がるわけであるが、純粋な考古学的検討が必ずしも民族のアイデンティティ形成に貢献できる保証はない。ときとして彼らにとって考古学者は、先祖を汚す悪者でもあり得る。

自然環境から著しくかけ離れた近代の消費社会に暮らす私たち日本人研究者が、シベリアや極東地域を訪れる以上、先住民への理解にどこまで貢献し、どこに限界があるのか常に自覚しておかなければならないが、私はいまだ答えには辿り着いていない。

個人の体験を超えて

本稿を執筆するにあたって、多くの研究者の紀行文、たとえば北海道立北方民族博物館発行の季刊誌「Arctic Circle」などを参考にしながら、自分の体験を振り返ってみた。そこで感じたことは、フィールドワークに際して、各研究者の経験や問題意識はさまざまであるという点だ。同じような体験に関しては共感する部分が多いのだが、その受け止め方は必ずしも一様ではない。
本書の読者がフィールドワークに赴くときには、できる限り多くの研究者の意見を参考にしていただきたいと切に願う。シベリア・極東ロシアに関しては末尾にいくつかの参考文献を挙げておいたので、参照いただきたい。

参考文献

大貫静夫・佐藤宏之編（２００５）『ロシア極東の民族考古学——温帯森林猟漁民の居住と生業——』六一書房.
大貫静夫監修（２０１１）『東北アジアにおける定着的食料採集社会の形成および変容過程の研究』東京大学.
沖津進（２００２）『北方植生の生態学』古今書院.
國木田大（２０１２）遺跡における層序の年代決定、「考古学ジャーナル」No.632, pp.15~19.
コリン・レンフルー、ポール・バーン（２００７）『考古学　理論・方法・実践』東洋書林.
鈴木建治ほか（２００６）バイカルシベリア地域におけるＯＩＳ３段階の人類文化の日露共同調査研究、「日本考古学協会第七二回総会研究発表要旨」、pp.217~220.
高倉浩樹編（２０１２）『極寒のシベリアに生きる——トナカイと氷と先住民』新泉社.
辻誠一郎（１９９９）南サハリンの環境史、「*Arctic Circle*」No.14, pp12 ~ 14.
福田正宏（２００８）北方の考古学　アムール下流域と北海道の関連性について、「季刊東北学」第15号、pp.111~127.

6 海洋観測船の生活と調査研究の日々

海を見て、データを集める

舘山一孝
TATEYAMA Kazutaka

海の異変

2012年8月、カナダ沿岸警備隊の砕氷船ルイ・S・サンローランに乗船して北緯80度・西経137度の北極海を航行していた私は、これまで経験したことのない異変に直面していた。北極海の海氷調査のために2009年から毎年夏に同じ船、同じ海域で観測を継続してきたが、2012年はどこまで行っても海氷がなく観測ができないのだ。かつて白い海氷に覆われていた静かな海は、鉛色のうねる海に変わり果てていた。

2012年は北極海が観測史上最小の海氷面積を記録した年だった。われわれが観測していたカナダ海盆と呼ばれる海域はとくに海氷が著しく減少し、環境が激変していた。われわれは偶然にもそのような歴史的瞬間に現場で立ち会うことができたのであった。

私の専門は雪氷学と衛星リモートセンシングで、北極海や南極海といった極地の海氷を調査対象にしている。フィールドでは海氷や海水のサンプルを取得したり、船で移動しながら連続的にデータを収集するために多くの機材を用いている。海洋観測は北極海なら通常3週間から2カ月間、南極海では2カ月間から4カ月間と、長期にわたる船上での暮らしを余儀なくされるが、その過程では国籍や専門分野が異なる多種多様な研究者や技術者とともに暮らす、楽しくも刺激的な日々がある。本章では、船上で共同生活をしながら調査をすることが実際にはどのようなものなのか、私の北極海と南極海での体験をもとに紹介したい。

海を調べる

地球の気候や気象の変化はさまざまな時空間スケールの大気と海洋の運動、およびそれらの相互作用によってつくり出されている。「水の惑星」と呼ばれる地球は地表面の7割が海で覆われており、地球環境の現状を正確に把握し将来予測をするためには、陸上だけでなくこの広大な海洋にも観測網を展開し、データの空白域を減らすことが重要である。海洋観測では、漂流ブイや係留ブイなどを利用した無人観測が普及してきているが、船舶を利用した詳細かつ精密な有人観測から得られるデータは重要な情報である。

日本は四方を海に囲まれた海洋国家であり、水産や海上交通・天気予報・国防の面でおよそ百年前から船舶による観測を行っている。１９７０年代後半からは人工衛星リモートセンシングによる観測が急速に発展し、地球規模の同時観測が可能になった。しかし、リモートセンシングでは海洋表面の様子はわかっても、電磁波が届かない海洋内部の様子を知ることはできない。海洋の約9割が３０００ｍよりも深い海であり、船を使った現場観測が不可欠である。また、数値モデルによる気候変動の再現と将来予測が精力的に行われているが、その実用化には現場観測との相補的な運用が必要である。

気候変動の実態を把握し、そのメカニズムを解明して正確に将来予測するためには、気候変動の影響が地球上で最も顕著に現れる地域の一つである北極海や南極海などの氷海において、現地観測を継続的に行うことが重要である。

極域海洋観測の歴史

19世紀から20世紀にかけての近代海洋学の発展は、北極探検と国際協同観測によってもたらされた。そのなかでも、ノルウェーのフリチョフ・ナンセンの指揮のもと、船底が丸い特殊探検船フラム号で1893年から1896年に行われた北極海の横断漂流航海がよく知られる。この航海で得られた観測成果から、ヴァン・エクマンは風が吹く方向と海氷が漂流する方向が右手方向に20～40度ずれることを見出し、エクマン吹送流理論を確立した。

人類初の南極点到達を成し遂げたノルウェーのロアール・アムンセンは、モード号によって1917年から1925年にかけて長期間の北極海横断漂流航海を行った。その成果は探検に参加していたハラルド・スヴェルドラップによってまとめられ、海洋循環に関する新しい理論が発表された。スヴェルドラップの名前は海流の流量の単位「Sv」（10^6 m^3/s）として使用されている。

一方、北極における国際的な科学研究の取り組みがオーストリアの北極探検家カール・ワイプレヒトによって提案され、1882年から1883年に国際極年（International Polar Year：ＩＰＹ‐１）が実施された。このとき、参加12カ国により北極域の観測所において地球物理や生物などの科学観測が行われた。50年後の1932年から1933年には第2回国際極年（ＩＰＹ‐２）が実施され、日本は当初から正式に参加を表明した26カ国のうちの一つとして参加した。その一環で、北極海の広大な観測空白域を埋めるため、ソビエト連邦ではイワン・パパーニンらによって1937年にセドフ号と厚い多年氷（二夏以上経過した海氷）上に設置した氷島観測所（北極1号）による北極海漂流観測が行われ、詳細な北極海の海洋構造や海洋生物の調査が行われた。その後もソビエトは北極海調査に力を注ぎ、第二次世界大戦後の1950年から1991年にかけて連続観測を行った。ソビエト連邦崩壊後は12年間の中断があったものの、現在もロシアによって氷島漂流観測が毎年継続され、2013年には北極40号が運用されている。

東西冷戦時代、北極海を挟みソビエト連邦の対岸に位置するアメリカ合衆国では、アルバート・クレイリーらによって1952年からT‐3と呼ばれる巨大氷山を利用した氷島漂流観測が開始された。IPYより規模の大きい「国際地球観測年」(International Geophysical Year：IGY）が新たに企画され、その第1回が1957年から1958年に実施された。このとき世界初の人工衛星スプートニク1号がソビエト連邦によって打ち上げられ、日本は南極の東オングル島に昭和基地を建設した。北極ではソビエトとアメリカが連絡を取り合って氷島観測を実施した。

ソビエト連邦が崩壊して冷戦が終結した後、地球温暖化問題により国際的な北極研究の重要性が高まり、海氷のなかに砕氷船を閉じ込めた漂流観測や、係留型や漂流型のブイによる多点観測などが行われている。IGYから50年後の2007年から2008年に4度目のIPYとなるIPY2007―2008が実施された。このとき、ちょうど2007年の夏に、1970年代から続く衛星観測史上最小の北極海氷面積が観測され、気候モデルの予測をはるかに超える著しい減少が起きた。このように北極海では急激な気候変動が起きており、温暖化増幅や海氷減少メカニズムの解明が急がれている。

事前準備が9割

私は恩師や先輩に「観測の成功の9割は準備段階で決まり、現場でできることは1割に過ぎない」と教わってきた。海洋観測でも同様で、事前に観測機器の運用試験や動作確認を入念に行い、操作方法に習熟しておくことが不可欠であり、観測機器の輸送にも気を配ることが重要である。これらをおろそかにすると本番の観測で期待通りの成果を得られない。

よくあるミスが忘れ物で、ケーブル1本・ボルト1本忘れてしまったために観測できない事態に陥ることがある。恥ずかしながら私も、過去には致命的な忘れ物をして船上で途方に暮れた経験が少なからずある。幸いにして、船にはさまざまな電気系や機械系の部品がストックされており、何とか現地で入手した部品を加工することで代替品を調達することができていたが、研究者として恥ずかしいことであった。また、船によって装置の取り付け方や運用方法が異なるので、事前に船側との間で持ち込む装置の情報を共有し、装置以外に必要なもの、たとえば装置の台座や延長ケーブルなどを用意しなくてはならない。

次に重要なのは輸送である。船上観測では船の動揺に備えなければならず、積荷は動揺対策でがっちりとロープや荷締ベルトで固定（固縛）される。また、国内の船の場合は自分自身で荷物を積み込み、使い勝手を考えて適切な位置に固定することができるが、海外の船の場合は積み込み時に立ち会うことが難しい。どのタイミングで使用する測器なのかを事前に船側に伝えておかないと、乗船後すぐに使用する機材が船倉の奥の荷物の底にいってしまい、すぐに使えない状況に陥ることもある。それらのトラブルを避けるために、輸送した梱包物に番号をふり、それぞれの使用目的と希望保管場所などを船側に伝えるとともに、それらを明記したラベルを箱の2～3面に添付し、観測測器が行方不明にならないよう充分に対策を施すことが重要である。

輸送で重要なのは、輸送期間と輸送方法である。海洋観測の機材は大型の重量物が多く、輸送コストがかかる。こうした機材の国外への輸送はもともと通関手続きに時間がかかるうえ、大型の重量物を航空便で送るのはかなり費用がかかってしまう。輸送コストを安く抑えるためには、時間に余裕を持って準備し安価な船便で輸送することが望ましい。科学調査が目的の測器は通常、免税扱いとなる。近年は基準が厳しくなり、衣類など私物の装備品やリチウムイオンバッテリーなどは輸送できず、手荷物で持ち込む必要が出てきている。

一度出港してしまうと、船内は陸上環境から隔離された世界になる。インターネット環境は限られ、かろうじてテキストメールを送れるかどうかという状態だ。出港前に、家族や周囲の人には音信不通になっても心配しないように伝えておいた方がよいだろう。また、医療環境がかなり限定されることにも注意が必要だ。船には医務室があり、常駐している看護師や船医に健康相談をしたり、ある程度の治療や薬を処方してもらったりできるものの、充分な医療環境とはいえない。とくに海外の観測船に乗船する際は、日本の風邪薬や胃腸薬を持ち込むなど、自身の健康管理には充分に気を配った方がよい。

乗船に際しては手続きに必要な種々の書類を用意しておかなければならない。長期にわたって陸上と離れるため、どの船でもメディカルチェックを受けた証明が必要とされる。船が所属する国の規定によってさまざまだが、かなり多くの検査項目が課される場合と、過去1年間の健康診断の結果をもとに主治医に「問題なし」とサインを貰えば済む場合がある。持病があって服薬している場合でも主治医から観測期間中の薬を貰い、乗船しても問題なしと判断されれば大丈夫だ。乗船する観測船が沿岸警備隊など保安基準の高い機関によって運用されている場合には、無犯罪歴証明書を警察署で取得して提出する必要もある。また、乗船する場所や期間によってはビザが必要とされる。

観測船での生活

観測船、とくに砕氷船は長期間の行動を支えるために、大量の物資を積み込み、多数の乗組員が乗船する巨大な船である（写真1）。船内は立体迷路のようになっており、初めて乗船する船では、食堂に行くにも苦労する。船では前方を船首（おもて、Bow）、後方を船尾（とも、Stern）、右側を右舷（Starboard side）、左側を左舷（Port side）と呼ぶ。船の階層は甲板（Deck）で表し、通常は外に出られる一番下の甲板を主甲板（Main deck）、ヘリコプターが離着陸する甲板をヘリコプター甲板（Heli deck）などと呼ぶ。船の最も高いところにあり操船を行う場所を船橋（Bridge, 写真2）といい、そのほか食堂（Mess）、売店（Canteen）、医務室（Hospital）、船倉（Cargo）、工作室（Workshop）などがある。

沿岸警備隊や自衛隊などの軍隊系の船は「艦」と呼ばれ、民間船と乗組員の階級や呼び方が異なっている。軍隊系の場合、艦の最上位は艦長（Captain, Commanding officer）で、次いで首席士官（Chief officer）や副長（Executive Officer）がいる。以下、航海・船務科、運用科、機関科、補給科・主計科などの部署があり、とくに甲板上での作業

写真 **1**　巨大なアメリカの砕氷艦ヒーリー

写真 **2**　カナダの砕氷船ルイ・**S**・サンローランの艦橋

全般においては運用科あるいは甲板員（deck crew）の方々のお世話になる。甲板作業は観測チームのリーダーを通じて首席士官に作業支援を依頼し、実務作業は甲板長あるいは掌帆長（ボースン、boatswain）の指揮のもと、甲板員によって支援を受ける。重要なのはこの作業依頼経路で、必ず観測チームのトップから首席士官に依頼しなくてはならない。このように船に乗船して観測を行う場合には、乗せてもらう船の指揮系統を尊重することが大事なのである。

観測船で乗船直後にすることは、自分の船室（Cabin）に入居することと、船上安全講習を受けることである。前者については、観測船のスペースは限られているので、ふつう船室は2名、多いときは4～6名でシェアする。2段ベッドの場合は、船酔いをする人は比較的揺れが小さく、具合が悪くなったらすぐトイレに行ける下のベッドを確保した方がよい。後者は、陸地から遠く離れた海上で事故が起きても生き残るために重要な講習である。たとえ救助救命のプロである沿岸警備隊の船に乗船したとしても、自身の安全を他人に委ねてはならず、自分の命は自分で守らなくてはならない。安全講習では船の警報の種類や避難経路、ライフジャケットやエマージェンシースーツの着装方法（写真3）、救命ボートの乗り方などを習う。船によっては避難訓練を乗船直後にする場合と1～2週間に1回、定期的に行う場合がある。私はカナダの砕氷船に乗っていたとき、1回の航海で2度の火災による避難をしたことがある。1度目は静電気が埃に引火したボヤ、2度目は機関室の燃料パイプから気化した燃料が漏れて起きた火災であった。幸い大事に至らずに済んだが、何かあったときパニッ

写真3　エマージェンシースーツの着用訓練

クにならず冷静かつ迅速に避難できるよう、日頃の心構えが重要であると実感した出来事であった。

海洋観測は、同じ極地観測でも氷河など陸上の調査に比べてかなり恵まれた観測環境だといえよう。重い荷物があっても次の観測地点まで船やヘリコプターが運んでくれるし、寒い船外活動を終えたら熱いシャワーを浴びて体を癒すことができ、暖かい食事も待っている。氷河調査のように重たい機器を担いで登ったり、風呂にも入れず水や食事を自分でつくらなくてはならない環境に比べたら天国のようだ。

とはいえ、海洋観測は24時間体制のため、たとえば12時間ごとに交代して観測を継続することもある。このような交代制を観測当直（ワッチ、watch）と呼んでいる。担当者が自分以外におらずワッチを組めない場合は、1人で観測を24時間担当しなくてはならない。こうなると移動中に仮眠し、測定地点に到着するたびに起きなくてはならない過酷な生活サイクルになる。

氷海での海氷観測は、海氷が波やうねりを吸収してくれるため、他の一般的な海と異なり船は揺れず、船酔いしない快適な環境である。しかし、薄い氷と船が接触する音は小さく気にならないものの、厚く硬い氷が接触するとガンガン、ギギーッと大きな音が発生し、波浪での揺れと異なり船体が不規則に揺れる。厚い氷に乗り上げると船は大きく傾くため、机や棚に置いていたものが下に落ちたり、座っている椅子から転げ落ちそうになるので、氷海航行中は油断できない。私自身、油断してノートパソコンにコーヒーをこぼし、壊してしまったことがある。

いくら船が巨大だとはいえ、船内の閉じられた空間で長期間生活しているとストレスが溜まってくる。船上でストレス発散になるのは、食事・飲酒・運動・各種イベントなどだ。食事は船によっても異なるが、意外にも豪華でおいしい料理が振舞われるので、これが最大の楽しみ、ストレス発散になる。私がここ数年乗船しているカナダ沿岸警備隊の砕氷船ルイ・S・サンローランでは、フランス料理やカナダ東海岸の郷土料理が主に提供され、40日間の航行中、毎日違うメニューを楽しむことができた（ただし、朝食を除く）。手づくりのクッキーやケーキなども豊富で、ソフトクリームも食べられる。おいしくてついつい食べ過ぎてしまうのだが、船上生活ではその自覚がなくても陸上生活よりカロリーを消費しているらしく、たいてい下船時には２kgくらい痩せているからたくさんも食べて大丈夫だ（と思う）。

船によっては禁酒の場合もあるが、通常は船室や決められた時間にラウンジで飲酒が可能だ。公海上での航海の場合、お酒は免税で提供されるのでビール１缶やワイン１杯が１ドル程度で購入できる。お酒を飲みながらストレスを発散し、乗組員たちや観測チームと親交を深めることは、観測作業を円滑に進めるためにも重要である。ルイ・S・サンローランでは、航海の終盤に感謝の気持ちを込めて日本研究者が寿司を握り振る舞うことが恒例になっている（写真4）。

長期観測する船には運動室があり、ルームランナーやエアロバイク、筋力トレーニングマシーン、サウナなどが設置されている。印象に残っているのは、フィンランドの砕氷船アーランダに本場のすばらしいサウナがあったこと、中国の砕氷船雪龍に広い

写真４　船の食材で握った寿司

写真５　仮装パーティで妖精に変装した乗船員

運動スペースとプール、卓球場があったことだ。運動不足の解消や筋力低下の防止のため、軽く汗を流す運動を定期的に続けることが望ましい。

他にも、船内ではさまざまなイベントが催される。代表的なものとして、仮装パーティや北極圏・南極圏通過儀式がある。仮装パーティでは船にあるシーツやゴミ袋、段ボールなどを活用して自分の出身国や専門分野にちなんだ衣装を自作する（写真5）。通過儀式は初めて北極圏や南極圏に入る人たちが海の神ネプチューン王に通過の許可を貰うためのお祭りで、赤道を通過する際にも似た儀式がある。民間船の儀式は軽めだが、沿岸警備隊の船では儀式が2日間続き、かくし芸をさせられたり、バリカンで頭を刈られたり、甲板上で放水を浴びせられたりとハードな内容だった。こうした儀式を終えると立派な通過証明書を貰える。

さまざまな観測機器

観測地点に到着したら、いよいよ観測作業に取りかかる。観測で最も重要なのは安全性を確保することである。船上活動ではヘルメットと安全靴が必須の装備だが、作業内容によっては安全帯（命綱付きの安全ベルト）も必要となる。甲板上ではどんなに急いでいても走ってはいけない。甲板が濡れていて滑って危険だからだ。氷海では、フローテーションスーツという氷点下の海に落ちても数十分は生きられる特殊な防寒スーツを着用しての作業となる。

海洋の観測には主に航走観測、停船観測、そして氷上観測がある。

船を走らせながら観測をする航走観測には、ＸＣＴＤやＵＣＴＤ（写真6）、船のインテーク（取水管）から採水した表層海水の自動測定装置による観測、自動気象測器による気象観測、音響測深、

写真 6　UCTD による海洋観測

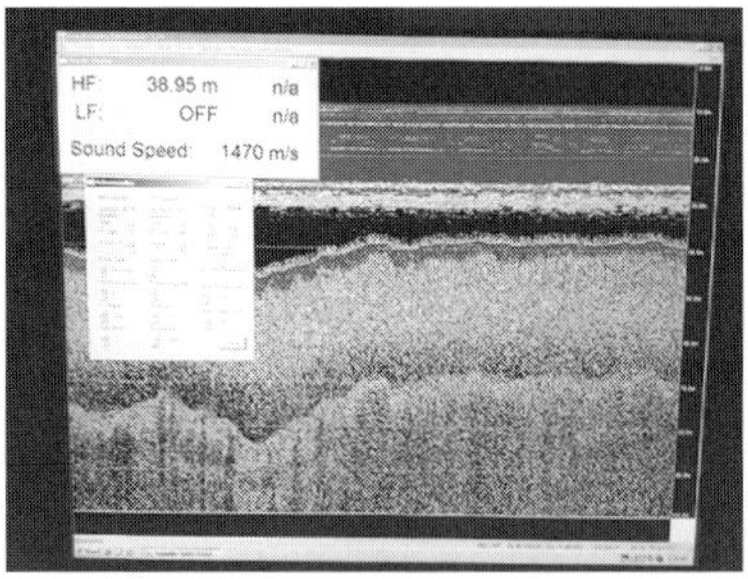

写真 7　音響測深の例

写真 8　大型 CTD の採水システム

目視観測などがある。ＣＴＤとはConductivity Temperature Depth profilerの略で、海水の電気伝導度・水温・水深を測定できる装置のことである。観測の際に数時間の停船が必要なＣＴＤに対し、使い捨て（eXpendable）のＣＴＤを意味するＸＣＴＤ、繰り返し利用可能なＵＣＴＤ（Underway CTD）は航走観測用のＣＴＤである。船の下部にあるインテークからは船内の表層海水測定装置に常時海水が循環し、表層の海水の水温、塩分、溶存酸素、クロロフィルａ量などが連続的に測定される。ＧＰＳと自動気象機器は船橋の上部などに取りつけられ、船の位置、速度、気温、湿度、風向・風速などを自動的に記録する。

　音響測深は、船底に取りつけられたセンサから音波を発信し海底までの距離を測定する（写真７）。近年は海底地形をマッピングするマルチビーム音響測深装置や海底下の地層を測定できるサブボトムプロファイラーなどが用いられている。目視観測は船橋から鯨類や鳥類などの生物観測や海水の分布・

種類などを観測員が観測するもので、専門知識と訓練が必要とされる。

停船観測には大型ＣＴＤ採水システム、プランクトンネット、採泥、流速観測などがあり、観測機器を船のウィンチを使って海中に投入して行う。大型ＣＴＤ採水システム（写真８）は海水の電気伝導度・水温・水深を連続的に測定し、採水器によって任意の深度で海水を採取できる。通常、ロゼット型と呼ばれる12本から36本の採水ボトルを有するシステムを使用する。採水された海水サンプルは、船が移動している間に生物分析や化学分析が行われ、ほとんど船上で処理される（写真９）。プランクトンネット（写真10）は漏斗状の細かい網の先に採水器がついたもので、海中のプランクトンを採取するのに用いる。採泥は海底の堆積物を採取するための装置で、ＵＦＯキャッチャーのクレーンのようなものや、コアサンプルを採取するための筒状のピストンコアラーなどがある。流速観測には３次元の流向・流速分布を測定できるＡＤＣＰ（Acoustic Doppler Current Profiler）や乱流微細構造プロファ

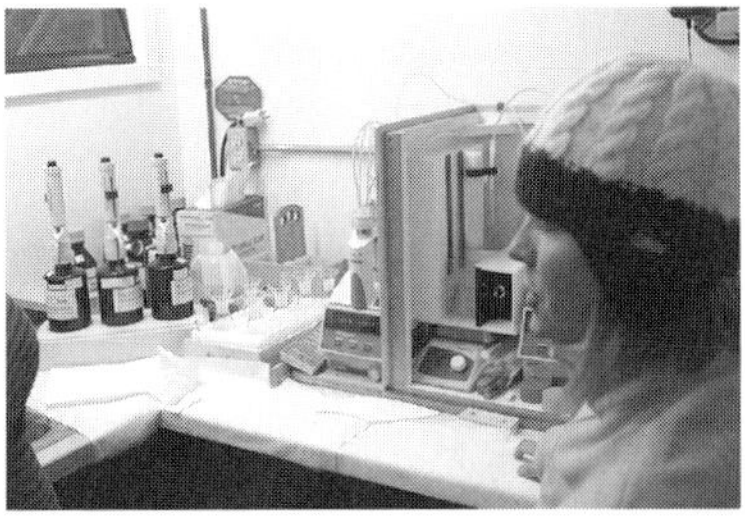

写真 **9**　海水サンプルの分析

写真 **10**　プランクトンネット

イラが用いられる。

氷上観測では海氷サンプルの採取、氷盤の厚さプロファイルの測定、漂流ブイの設置、各種物理・生物・化学観測などを実施する（写真11）。海氷サンプルは直径8㎝や12㎝のアイスコアラーを用い、電動やエンジン駆動で採取する（写真12）。1回のコアリングで1mのサンプルを採取できるが、多年氷は硬いうえに厚さが4m以上もあり、延長棒を継ぎ足して掘らねばならない。またこの海氷サンプルは物理解析、生物分析、化学分析それぞれにコアサンプルを採取しなくてはならないのだが、とりわけ化学分析用のコアはエンジンや発電機の排ガスの影響を避けるために、コアラーを手回しで採取しなくてはならず、さらに作業の負担が大きい。物理解析用のコアサンプルは、採取後ただちに氷の表面に小さな穴をあけ、温度計のプローブを挿入し、10㎝ごとの氷温を測定する。その後10㎝ごとにコアサンプルを鋸で細断してサンプル袋に入れて持ち帰り、サンプルを融かして塩分、

写真 **11**　小氷盤での氷上観測

密度などを測定する。

氷盤の厚さプロファイルの測定には、直径5㎝の細いドリルや、電磁誘導式氷厚計が用いられている。ドリルによる掘削は時間がかかり測定数が限られるため、近年は電磁誘導式氷厚計による非破壊式測定が一般的になりつつある。漂流ブイによる観測には、位置だけを発信する簡易的なＧＰＳブイや、氷の上面側と底面側に音響測深センサを取りつけて氷の厚さを測定するIce Mass Balanceブイ、ブイの底面に５００ｍから８００ｍのワイヤーを吊下げ、そのワイヤー上を定期的に上下して水温や塩分の鉛直分布を測定する昇降式センサを取りつけたIce-Tethered Profilerなど、多種多様なブイが用いられている。

写真12　採取した海洋コアサンプル

海洋観測への誘い

観測には単独では作業できないものがあり、実施にあたっては限られた観測チームの人員をやりくりしなくてはならない。つまり、船上では手助けをしてもらうために他の人の観測を手伝うといった、互助的な関係を築くことが必要となる。仲間の仕事を手伝うことを通して、自分の専門分野以外の知見を広めることができるよい機会にもなるだろう。私の場合、海氷目視観測を昼夜連続して実施するために、同じく24時間観測のＸＣＴＤ観測の担当者と協力してワッチをすることがよくある。冒頭の２０１２年のエピソードのように海氷がなくて本業の海氷観測ができない場合、手伝いでＣＴＤやＸＣＴＤ観測ばかりをしていたこともあった。

海洋観測が終わると、次の仕事は学会発表や論文執筆などによる観測成果の報告となる。ほとんどの海洋観測は大きな研究プロジェクトの一部であり、取得したデータは一定期間が過ぎるとプロジェクトを通じて全世界に公開される。自分が測定したデータは貴重な現場データとして共有財産になるので、観測者は測定データの信頼性と連続性に責任を負わなければならない。大時化《しけ》で船が揺れているときでも、猛吹雪で寒さに震えていても、絶対に正確な測定をやり遂げるという強い意志が求められる。また、装置が壊れてしまってもあきらめずに何とか修理したり、代替品を見つけて測定を継続するための技術や知識、粘り強さをもつことも必要である。なぜなら、そのときに自然と対話できるのはそこにいる自分しかいないからだ。観測の苦労は必ずしもデータや論文に現れないかもしれないが、ストイックに頑張り続ける姿勢は観測チームの仲間や乗組員がきっと見ていてくれて、次の観測プロジェクトのときに声がかかるなど、その後のキャリアにきっと生かされるだろう。

最後に、これまで述べてきたように船による海洋観測は、衣食住が確保されながら現地で観測と研究に専念できる特別な機会であることを強調したい。また、国内外の研究者とチームを組んで観測することで、チームワーク能力やコミュニケーション力が鍛えられ、さまざまな観測・解析技術を学ぶことができる利点もある。このことからも学生や若手研究者にぜひ海洋観測に参加して、フィールドでしか享受できない貴重な体験をして欲しいと思う。船で国内外の同世代の研究者と長期間にわたって苦楽を共にすることで強い絆が芽生え、一生の友人となったり、互いに刺激し合うライバルが見つかるかもしれない。

7 地平と海に陶磁器を追いかけて

文献史学の見方と考古学の見方

野上建紀
NOGAMI Takenori

大学3年生の頃、海のシルクロード（図1）のゼミを受講していた。担当教師は考古学の先生だった。その先生によると、東西文化交流の海の道の重要な拠点であった南シナ海の海南島（中国）の海岸には数多くの陶磁片が流れ着くという。そして、その島に移り住み、海岸の陶磁片を拾い集め、分析して研究すれば、一つの大きな仕事になるともおっしゃっていた。当時はいま一つ現実感をもてなかったが、そんな暮らしも悪くないなと思った記憶がある。

海のシルクロードのうえを多くの産物が運ばれていったが、その多くが今や消失してしまい、「モノ」としては姿を残さない。そのなかで最も残りやすく、大量に発見されるのが陶磁器である。そのため、海のシルクロードは、陶磁の道とも呼ばれている（三上 1969）。道にこぼれ落ちた陶磁

図1　海のシルクロード
中世以来，大量の陶磁器が運ばれた「陶磁の道」でもあった．

片を、「ヘンゼルとグレーテル」に出てくる白く光る石のように拾い辿れば、陶磁器の遠い旅路をなぞることができる。もちろん、海の道といっても海面にそうしたものが見えるわけではない。陶磁片の先にはそんな果てしないフィールドが用意されており、豊かに想像されることを待っている。

海のシルクロードのゼミから2年後、大学を卒業した私は磁器のふるさとである有田《ありた》(佐賀県)の窯跡の発掘調査を行うようになり、陶磁器の研究を始めたが、いつか有田を拠点に陶磁の道の調査をしたいと思い想像をめぐらせていた。

陶磁器をとりまく学問世界

陶磁器をとりまく学問世界はさまざまであり、多様なアプローチが試みられている。美術品として眺める芸術学や美術史、広い意味での歴史学のなかの文献史学、陶磁器を生業の観点から見る民俗学、産業として見る経済学などがあり、胎土分析や年代測定などの自然科学的な研究アプローチもある。陶磁器のなかでも有田焼の場合、中心的な学問分野は美術史・文献史学・考古学である。最も早くから研究が行われていたのは、地元の郷土史研究を除けば、美術史によるものであろう。美術史が対象とするのは、いわゆる伝世品として世に伝わってきたものである。しかし、こうした伝世品は当時の陶磁器を代表するものであるかもしれないが、すべてを表しているわけではない。概して「良いもの」だけが世間には残るからである。

そこに、同じくモノを扱う学問として、考古学が参入してきた。その歴史はそれほど古いものではなく、有田で初めて本格的な考古学的な発掘調査が行われたのは、1965年から1970年にかけて行われた天狗谷窯跡であった(写真1)。考古学的な調査方法が導入されたという点でこの調査の意義は大きいが、美術史から脱却し、考古学的な思考で陶磁器を見るようになるには、もう少し時間が必要であり、１９７０年代末から１９８０年代にかけての時期まで待たなければならなかった。

私自身の専門は考古学である。考古学とは人間の活動痕跡である「モノ」を通して過去をさぐる学問であるが、有田焼の歴史が始まったのが中世末から近世初頭にかけてであり、考古学のなかでもとても新しい時代を対象としている。つまり、文献資料が豊富な時代を考古学的に研究しようとしているわけであり、いわゆる歴史考古学と呼ばれる領域にあたる。歴史考古学は、歴史時代（文字のある時代）を対象とする考古学の一つの区分名称である。そのため、実際には「モジ」と「モノ」の情報を組み合わせながら研究を進めることになる。そこでは「モジ」と「モノ」は相互に補完し合いながら、あるいは両者を検証し合いながら、研究を前に進めている。歴史学（文献史学）と考古学という異なる方法論を組み合わせながら、近世という一つの時代を理解しようとする学問分野、といった方が実態に近い。

写真1　天狗谷窯跡出土遺構
有田焼研究で初めて考古学的調査方法が導入された調査．複数の窯が折り重なって発見された．

言うまでもなく、近世の歴史については文献史学による膨大な研究成果がある。陶磁器の生産や流通の背景となる政治体制や経済状況を知るのは、文献史学によるところが大きい。陶磁器の生産量や流通量などの「数」や「値段」なども考古学ではなかなか知ることができないものである。しかしながら、陶磁器の具体的な姿がわかる資料となると、ほとんどない。茶器や特殊な器については特定できるものもあるが、多くは器種や文様の種類が述べられているに過ぎず、いったいそれがどのようなものなのかわからない。どの時代にどういった陶磁器が焼かれて運ばれていたか、知ることができるのは考古学の方である。

一方、文献資料には将軍徳川家光が初めて「有田焼」を見た年月日が記されている。すなわち、慶安４（１６５１）年4月19日に家光が「今利新陶の茶碗皿御覧ぜらる」とある。およそ考古学ではこうしたことはわからない。しかし、江戸の人びとがそれ以前にすでに「有田焼」を使っていることが考古学ではわかっている。考古学ではある特定の個人の体験を明らかにする作業は困難であるが、名を残さなかった多くの人びとが当時、使っていた器の形と色を知ることができるし、同じものを触ることすらできる。陶磁器に限らず、歴史全般として、当たり前のことは文字として残りにくい。われわれが記録をとったり、日記をつけるときに特別な出来事が優先されるのと同じである。それと対照的に、考古学の方ではありふれた当たり前のことの方がよくわかる。特殊な事例は数が少なく、ありふれていて数が多い方が遺物として残る確率も高いからである。

このように「モジ」と「モノ」では、それぞれ得意とするものがあるが、両者の成果が合致する場合もあれば、まったく相反する結果がぶつかり合うときもある。たとえば、江戸時代後期の遺跡を発掘すれば大量の波佐見《はさみ》焼が出土する。波佐見焼とは、有田の隣の町（江戸時代の当時は村）で焼かれた磁器である。ところが安政3年11月に江戸に荷揚げされた陶磁器の記録を見ると、波佐見焼が占める割合はわずか２・２%に過ぎないのである。その他の文献を見ても波佐見焼の流通が他を圧倒していることを示すようなものは、今のところ見当たらない。おそらくどちらも陶磁器流通の実態の側面をとらえていると思う。しかし、アプローチにより見えている部分が異なっているのである。

陶磁器の一生を追いかける

私が手がけている研究テーマの一つは陶磁器の一生（ライフヒストリー）を探ることである。窯で高温で焼かれた陶磁器が海を越えて運ばれ、異国の地で使用されて廃棄されるまでの一生を追いかけるのである。近世の有田焼や波佐見焼などの肥前磁器が中心ではあるが、中国・韓国や東南アジアの陶磁器も研究テーマの範疇としている。陶磁器の一生と書いてしまうと、一本の線のように単純なように聞こえるが、その生涯のフィールドは果てしなく広く、多様である。

近世になると、東アジアで生産された陶磁器が船で地球の裏側まで運ばれている。いわゆる鎖国時代のなか、有田焼など日本の磁器「伊万里」もアジア、アフリカ、ヨーロッパ、アメリカへと輸出されているため、出土遺跡は世界中に点在する（図2）。山深い窯場の遺跡もあれば、大都市の喧噪の下にも遺跡はある。かつては港町だった海辺の無人の浜にも遺跡はあるし、海原に沈んだままの船の遺跡もある。海抜数千ｍの高地から発見される陶磁器もあれば、水深数百ｍの海底から引き揚げられる陶磁器もある。

昔も今も陶磁器中心の生活を営んできたわけではないが、遺跡では陶磁器ばかりが発見される。それは陶磁器が壊れやすいうえに再利用がしにくいため、すぐに捨てられてしまうからである。しかも土中であれ、水中であれ、腐らずに残る。こうした特性が、人間の活動範囲のあらゆる場所で陶磁器の欠片が発見される結果を導いている。

地下のフィールドへのアプローチ

(1) 窯を掘る

私には、国内でも海外でも工事現場を見つけると、つい覗き込んでしまう癖がある。工事で掘られた穴の断面の土層を見ては、何か遺物はないかと探してしまうのだ。あるいは土が露出した地面を見ると何か落ちていないか、目を凝らす。これらは考古学者の一つの習性といっていい。

落ちている陶磁片だけでその遺跡のおおよその廃絶期や繁栄期を知ることができる場合もあるが、地面を掘り下げてみないとわからないことの方が多い。しかし、やみくもに掘るわけではない。目的をもち、それに合った方法を選んで、掘っていくのである。まずは陶磁器のライフヒストリーを明らかにすることを目的にフィールドワークに入ることにする。

陶磁器の一生の出発点の遺跡は窯跡である。その窯跡を発掘する場合、フィールドワークはまず歩きまわることから始まる。落とし物を探すように目を凝らしながら地面を追う。地形を読みながら、斜面を上がったり、下がったり、尾根を登ったり、谷を渡ったりする。陶磁器片も手がかりとなるが、陶磁器を焼くための道具、窯の壁の欠片、焼けた土くれなども大事な手がかりとなる。

1998年から2002年にかけて、カンボジア王国のアンコール地域に位置するタニ窯跡の発掘調査を行ったときも、最初は乾いた水田をずいぶんと歩きまわった(図2)。カンボジアは1990年代初頭に内戦が事実上終結したが、その後も国内外の社会情勢や政治情勢によって、なかなか調査ができる環境にはなかった。ようやく平和に向かい、落ち着きを取り戻すなか、1995年にアンコール遺跡群のタニ村で窯跡群が発見されたのである。生産実態が不明なクメール陶器の窯跡であった。すでにアンコール遺跡群の寺院などの各調査を実施していた上智大学アンコール遺跡国際調査団は、この窯跡の重要性を考え、窯跡班を新たに組織し、地元シェムリアップの上智大学研修所の研修生、プノンペン芸術大学の学生らが加わり、調査が始まった（青柳・佐々木２００７）。

発掘現場には、宿泊施設はもちろん水道、電気もなかったので、調査拠点はシェムリアップの町に置かれた。そのため、毎日、シェムリアップから悪路を車で現場へ通うこととなった。雨期に入りかけた頃の調査では、雨にぬかるんだ地面にタイヤがはまって立ち往生することとなり、救援を頼むこ

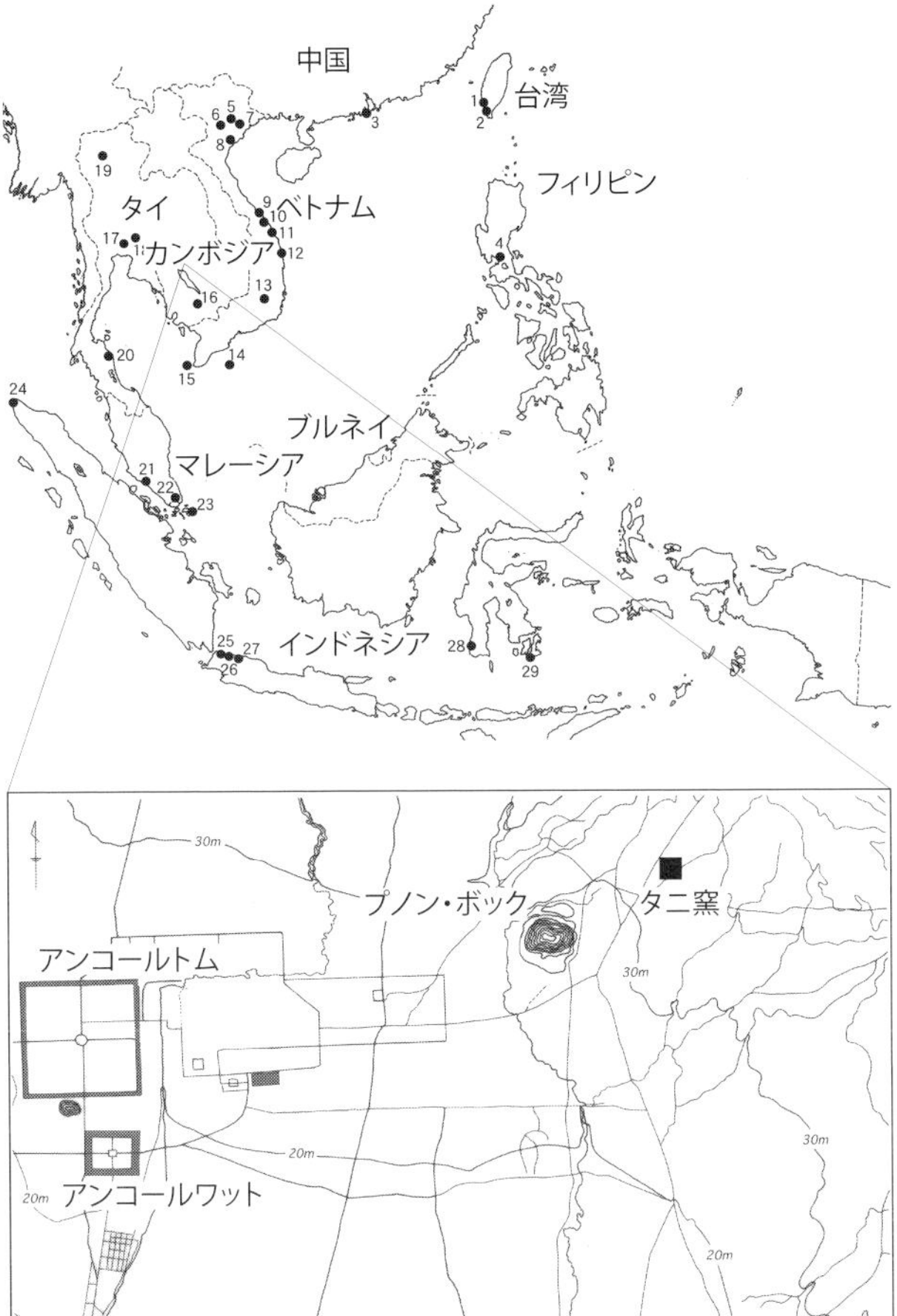

図２　「伊万里」出土分布図およびタニ窯跡分布図

左の東南アジア地図の●印は「伊万里」が出土している遺跡.

ともしばしばであったし、畦道から水田に車が落ちてしまってどうにもならなくなることもあった。そうなると大人も子どもも総出で付近の村人たちが集まってきて、脱出に手を貸してくれる。もちろん親切心もあるのであろうが、そうしたアクシデントはある意味でイベントのようなもので、あたかもお祭り騒ぎのようであった。車がぬかるみから脱出すれば、我が事のように歓声が上がる。

タニ村は「ダイク」と呼ばれる堤防上につくられた村であり、ダイクの上の小道の両脇には、ヤシの実が茂り、高床の家屋や倉庫が点在している。辺りは一面に水田が広がり、そんななか、プノン・ボックという小山だけがぽつんと水田から突き出ている（写真2）。

１９９８年の最初の調査では、掘ることはせず、踏査だけを行った。つまり、簡単な測量をしながら、歩きまわって、窯跡を探すのである。まだ内戦時代に敷設された地雷の撤去が完了していないということで、現地の人びとが歩いた踏み跡からはずれて歩いてはいけないといわれていたが、1年で最も暑い乾期の終わりごろの照りつける暑さのなか、歩いているうちにその忠告はどこかに飛んでしまっていた。

すでに伝統的な窯構造がわかっている場合は、地形や傾斜を見て、窯のおおよその方向などを推定することができるが、まったく窯構造がわからない場合には地表に目を凝らし、ときには表土を薄く剥ぎながら、地面が焼けたところをさがしてまわるしかない。その点、カンボジアのタニ窯跡では、カンボジア国内での初めての窯跡の発掘調査であったため、窯構造はもちろん規模も何もわからない状態から始まった。踏査によって、点在する人工的な円形の盛り土が窯跡である

写真２　カンボジア・タニ村付近
タニ窯跡の周辺の水田風景．中央にプノン・ボックが見える．

ことは確認できたが、いったいどのような形で埋もれているのか、まだ想像できずにいた。

踏査が終わると、次は試掘を行う。試掘の場所の選択がその発掘調査の成否に直結するといっても過言ではない。試掘は本格的に掘り始める前に、文字通り、試し掘りをするものである。理想は最小限の試掘で、最大の情報を得ることであるが、これがなかなか難しい。何にもないところを試掘しても何の参考にもならないし、かといって情報があまりない状態で核心部を試し掘りしてしまうと、最も肝心なところを壊してしまう可能性が高い。

かつての窯の姿を想像しながら、最も合理的な位置に試掘する場所を設定する。円形に盛り上がった地形をしている場合は、全体の状況がわかるように十字あるいはT字の形に、試掘トレンチを入れることが多い。丸いケーキを４つに切り分けて内部を観察するイメージである。

近所の寺から橙色の僧衣を羽織った僧を招き、村人とともに安全祈願を行った後、いよいよ掘り始める。どんな発掘でも最初に鍬やスコップを入れるときは心が踊る。掘り下げていく面はもちろん、側面に現れる断面の観察も欠かせない。試掘トレンチに窯の一部が発見されたら、それをもとに窯の方向と範囲を推定し、その範囲を覆うように調査グリッドを設定する。つまり、調査範囲を格子目状に区切り、区画ごとに掘り下げていくのである。よく刷毛や楊枝で調査する風景が見られるが、それは発掘の最終段階に多く見られる風景である。掘り始めはスコップや鍬などの大きめの道具を使い、だんだん遺跡の核心に近づくにつれて、移植ゴテや手鍬など道具を小さくしていく。そして、最終的には刷毛や楊枝を使うようになる。もちろん、ほとんど覆土がなく、表土の近くに重要な遺構がある場合は、最初から刷毛や楊枝を使うことになる。

全体的に掘り下げていくと、窯の範囲がおぼろげながら見えてくる。地面が焼けた範囲が窯の輪郭を示してくれるのである。窯特有の土の色はどこでも共通している。焼けた土は赤くなるが、直接焼けた壁面から壁の内側に入るにつれて、徐々に赤みがとれ、断面をみるとグラデーションになっている。このグラデーションを見つけることができれば、窯の壁とその内側との境界がわかる。黒っぽい土は炭がたまったものであり、焚き口の外側に近い場所であることがわかる。灰色の土は、灰が繰り返し火を受けた結果、灰色に焼き固まったものであるため、薪を燃やす燃焼室であることがわかる。乾いて色が見えにくい場合は、如雨露《じょうろ》などで湿らしながら観察する。

　窯を掘れば、焼かれていた製品の種類がわかるだけではなく、どんな窯で、どのような道具を使って、どのように焼いていたか、わかる。これは技術系譜を追ううえでとても重要である。製品そのものは比較的模倣が簡単であるが、窯の構造や窯道具、焼成方法などは実際に陶工の移動がないと伝わりにくいものだから

写真3　カンボジア・タニ窯跡発掘風景

カンボジア人学生と地元の村人と一緒に発掘を行ったタニ窯.

である。

このタニ窯跡の発掘調査でも多くのことがわかった。これまでカンボジア国内ではまったく掘られたことのなかったクメール陶器の窯跡であったので、発掘した成果のすべてが新事実であった。この調査以後、カンボジア国内の窯跡の発掘調査は大きく進展することになる。アンコール地域を中心に各地で発掘が行われるようになった。そのなかで大きな役割を担ったのが、タニ窯の発掘調査で育ったカンボジア人学生たちであった。

（2）物原を掘る

まったくの手探り状態から始まったカンボジアの窯跡の発掘調査に比べて、１９６０年代から発掘調査が行われている有田の窯跡の場合は、私が調査を始めた１９８０年代末にはすでに窯構造がおおよそ把握されていた。窯本体に関しては資料の蓄積があったため、窯のある一部分を掘り出せば、全体の形が推測できるほどであった。そのため、窯本体よりも失敗品の捨て場である物原《ものはら》と呼ばれる場所が調査対象として重視されるようになっていた（写真４）。

考古学の方法論の基本は、言葉にしてみると単純である。土層は下から積み重なり、下の土層ほど古いというものである。失敗品は捨てられた順に下から堆積している。ふつうは失敗するとすぐに捨てられてしまうので、捨てられた順番がおおむね

写真４　天狗谷窯跡出土物原
下から古い順に失敗品や使用した道具が堆積している．

窯で焼かれた順番といえる。そのため、丁寧に上の土層から剥ぐように、掘り進めると、製品の変遷を知ることができるのである。ただし、気をつけなければならないことがある。その土層が最初に廃棄されたときの土層（一次堆積）の状態を保っているかどうかである。よく考古学者は、「この土層や遺構は生きている」などと表現する。「生きている」といってももちろん土層が動くわけではない。後世の撹乱を受けておらず、堆積当時の状態を保っていることを示す言葉である。一度堆積したものが動かされて再堆積（二次堆積）した土層の場合、下の土層の製品ほど古いという法則があてはまらなくなるのである。

発掘された窯の内部の床に残されたものは、この窯の最後の焼成でできた製品（失敗品）となる。これは物原で発見されるどの失敗品よりも新しいものだといえる。仮に窯の廃窯記録などが文献資料に記されていたら、窯の内部の床の製品の生産年代は廃窯記録の年に近いということになる。

前に述べた天狗谷窯の再発掘を１９９９年から２００２年にかけて行った（有田町教委２０１０）。主に物原の調査であったが、丁寧に失敗品の堆積を掘り下げていった。そして、１９６０～１９７０年代の発掘調査で発見された４基の窯跡の床から出土した製品と物原の各土層の製品を比較して、それぞれの窯に該当する製品群が明らかになり、有田焼の磁器専業化から国内市場の寡占、海外市場への進出といった発展過程を追うことができた。

それでは、こうして焼かれた製品はどうやって市場へ運ばれていたのだろうか。次のフィールドへ向かおう。

海底のフィールドへのアプローチ

（1）遺跡に潜る

ふつう遺跡は陸上にある。なぜなら遺跡とは人間の生活や活動の痕跡であり、人間は主に陸上で活動しているからである。そのため、陶磁器についても多くのことは陸上の遺跡でわかる。これまで考古学で研究されてきたのは、生産地（窯）と消費地（町）の遺跡である。しかし、窯と町の遺跡だけでは、陶磁器の足取りは追えない。それはネットワークの点と点を明らかにしたに過ぎないからである。点と点を結ぶもの、それは航路であり、その痕跡が沈没船であった。線をなぞるためには海に出なければならなくなったのである。

しかし、陶磁器の研究を始めた頃の私は水中の遺跡など調査したこともなく、方法も知らなかった。そんなとき、後に述べる長崎県鷹島の元寇の海底遺跡から元軍の木碇が発見された新聞記事を目にした。早速、その調査団体と連絡をとり、以後、海底のフィールドにかなりの時間と費用、労力を費やすこととなった。私のフィールドは、陸から海へと飛躍的に広がっていくことになる。

海底のフィールドに出かけるには、まず潜らなくてはならない。息をこらえて素潜りすることもできるが、それではせいぜい数分間しかもたない。たどり着くのがやっとで調査まではできない。そのため、ふつうは空気を充填したタンクを背負って潜る。念のために書いておくが、空気タンクであって、酸素ボンベではない（潜水時に酸素ボンベの高分圧の酸素を吸えば、酸素中毒を引き起こしてしまう）。

陸上のフィールド調査と目的や対象が変わるわけではないが、見える景色はまったく違う。また、潜ることそのものが好きな人はともかく、そうでなければいくばくかの恐怖心に打ち克つことも必要とされる。ある水中考古学者の言葉を借りれば、「奈落の底に落ちるようなという表現のしかたがあるが、ひょっとしたら今まさに自分は奈落の底に落ちようとしているのではないか、といった恐怖を覚える。しかしやがて、水中では吸収されてしまう光が、海底で反射され、そこに美しく、神秘的な世界が広がるのが見えてくると、ホッと安心する。」（荒木　１９８５）。これまで私も何度もそう感じてきた。

（２）沈没船を探す

世界中の海底には数百万隻の沈没船が眠っているといわれている。数だけを聞くと、海のあちこちに沈んでいるように聞こえるし、実際にそうなのであるが、それでもそれを探すとなると、海はあまりにも広い。陸上では数㎞先でも見通せるものが、海底では数ｍ先しか見えず、ときには視界ゼロとなる。そして、厄介なことに透明度の悪い海ほど沈没船の残り具合がよい。言い換えれば、残り具合のよい沈没船を陸上のように目で見て探すのは難しい。探索例を二つほど紹介しよう。あらかじめ書いておくと、いずれも失敗して見つからなかった例である。

１９９８年８月９日、私は長崎市茂木港沖で海底調査の最終日を迎えていた。８月９日という日は、被爆地である長崎にとって特別な日である。青く晴れ渡った空の下、午前11時２分にサイレンが響き渡り、私たちも調査船上で黙祷を捧げた。交替で海底に潜っていたので、海底でその時間を迎えたダイバーもいた。

長崎市の中心街から野母半島の付け根を横断するように橘湾側に抜け出たところが茂木である。この茂木港沖の海底で大量の陶磁器が発見されたのは、１９９６年４月のこと。海底ケーブルの撤去作業中に、江戸時代に現在の佐賀県のいくつかの窯場で焼かれた陶磁器が１００点ほど引き揚げられたのである（写真５）。この海域は「茶碗曽根」と呼ばれ、昭和初期にも大量の陶磁器が引き揚げられた経緯がある。これらの情報をもとに沈没船を探す計画を実行に移した（野上　２０００）。陸上の遺跡を調査する場合にはその土地の所有者の許可を得るようにしているが、海底の場合は所有者が明確ではない。私は地元の漁業協同組合の理事会に諮ってもらって承諾を得るとともに、港湾管理者である県知事からも許可を取得する必要があった。海上での作業であるから、海上保安庁からの作業許可も必要であった。陸上の調査よりも事務手続きが複雑であるが、長崎県では海底調査の事例が比較的多いので、他の都道府県と比べるとまだ円滑に進められる方である。

漁協からチャーターした船にダイビング機材を積み込み、港を出る。調査海域はフェリーの航路の近くに位置しているので、フェリーの時刻にも注意を払いながら、調査スケジュールを考える。狭い船上で機材を広げて、各自潜水準備に入る。海底での作業内容を確認したら、調査道具を身につけ、船縁に腰掛け、息を整える。合図を送って、いよいよ潜水である。船縁から後ろ向きに倒れるように水中に飛び込む。通常は二人一組で潜水ロープを頼りに海底へと潜っていく。

写真 5　茂木港外遺跡海底状況
海底には江戸時代中期の陶器が散乱している．

茂木港外遺跡の海底は、水深18ｍから20ｍほどであり、視界はあまりよくない。海底面はシルト（粒子の細かい土）に覆われており、ところどころ岩礁が顔をのぞかせている。１９９８年の調査のときは、その2年前に海底に散乱する陶磁器を実際に目撃したプロのダイバーをともなっていた。沈没船の発見に自信を見せていた彼によると、陶磁器は岩礁と岩礁のシルトに埋もれていたというが、どこも同じように見える。どこにもありそうだし、どこにもなさそうにも見える。ところどころに陶磁器の欠片が見られるが、何度潜っても沈没船に行き着くことはなかった。船上で響いた鎮魂のサイレンは私にとっては調査終了の合図ともなった。

２００３年には再び同じ場所で発掘を試みた。おそらく遺跡はまた埋もれてしまったのだろうと考え、今度は発掘機具をともなっての探索となった。さらに今度は遺跡発見時の別のプロダイバーも熊本から呼び寄せて、万全の準備をしたはずであった。しかしながら、結果は同じであった。毎日、船から飛び込み、潜ってくたくたになったが、一片の陶磁器すら見つからなかった。海底状況の変化の早さを改めて感じさせられたし、目で見て探すことの困難さを思い知らされた。

目で見て探すのが難しければどうするか。ここで登場するのが音波探査機器である。これは九州北部の海でよく使用した。玄界灘で沈没船情報があったため、幾度となくサイドスキャンソナーという音波探査機を使って探査を行った（九州大学大学院考古学研究室２００１）。フィッシュと呼ばれる音波の送受信機を調査船で曳航しながら、その音波の反射の強弱を画像化することで海底面の様子をとらえていく方法である。海に設定した探査範囲を東西あるいは南北方向に一定間隔を置きながら往復することを繰り返すのである。そして、海底に何かありそうな地点があれば、そこで初めてダイバーが潜って確認するか、ROV（Remotely Operated Vehicle）と呼ばれる水中ロボットで確認するのである。確認する時はともかく探査中は人間が潜水するわけではないので、潜水時間に制限もなく、潜水病にかかる危険もないが、外海で船が大きく揺れるなか、モニターを凝視し続けなければならない。私は比較的、船酔いに強かったが、それでも辛い。

結局、玄界灘の探査では、石炭運搬船など近現代の沈没船を発見したのみで、海底下に埋もれているであろう木造船の発見には至らなかった。

（３）沈没船を掘る

日本の海の場合、木造船が良好な状態で残るには、沈んだ後に早い段階で海底下に埋もれる必要がある。そうした遺跡の一つが鷹島海底遺跡である（松浦市教委 2011）。ここから出土する陶磁器の旅路はふつうの商品としての陶磁器と少し異なっている。多くが船の上で使われていたものであった。

鎌倉時代、日本は未曾有の国難に遭遇した。二度にわたる蒙古襲来、いわゆる元寇である。その二度目の元寇、すなわち弘安の役の際には、長崎県鷹島に集結した元の大艦隊が暴風雨によって壊滅している。未曾有の海難であり、それを今に伝える遺跡が鷹島海底遺跡である（写真6）。

私自身、10年以上、鷹島の調査にかかわってきたが、調査に対する考え方や手順は陸上と同様である。まず調査区を設定して発掘する。記録作業を行った後に遺物を回収し、保存処理を行う。これが大まかな流れである。もちろん、遺跡の環境が異なるので、使用する道具や器具は異なる。

調査区の設定は、陸上に近い海岸であれば、海岸から測量機器で視準して、海底に基準点を設けて、海底にロープで調査グリッドを設定する。あとは調査区ごとに掘り進めるのである。

しかし、掘るといっても陸上のようにスコップなどの掘り道具で土を除去しようとしても土は舞い上がるばかりで一向に掘り進めることはできない。どうするかといえば、吸い込むのである。空気や水の力を利用した吸引力で、土砂を水とともに吸引しながら、「掘削」するのである。遺物を発見

写真6　鷹島海底遺跡出土状況
元寇終焉の地で蒙古兵の鉄兜が海底に静かに眠っている．山本祐司撮影．

したら、そこで吸引を止め、記録をとるまでそこに残す。もし誤って吸い込んでしまっても、排出口の方で見つけ出すことができる。

記録は主に実測による図化と、写真や映像の撮影である。防水性の紙を使用し、陸上の遺跡と同じように方眼紙に作図する。鉛筆はそのまま使えるものの、紐で結んでおかないと手を放したときに海面まで浮き上がってしまう。カメラももちろん防水・防圧のものでないとだめであるが、一般には陸上のカメラをハウジングと呼ぶ防水・防圧のケースに入れて使うことが多い。何かと不自由な水中での調査であるが、上から俯瞰した写真を撮影するには都合がよい。陸上であれば脚立を使う状況でも、水中では自分の浮力を調整すれば、簡単に俯瞰写真が撮れる。

最後に保存処理。海水に長期間浸かっていたものについては、脱塩処理が必要である。続いて材質によって適切な保存処理方法を選ばなくてはならない。その点、陶磁器は比較的処理が容易である。脆弱なものを除けば、普通は真水に浸して脱塩処理を行うだけでよい。

鷹島では2012年に、神崎地区が鷹島神崎遺跡として国史跡に指定された。完全に水中に没する海底遺跡としては国内で初めての例である。確かに海底に広がる「戦」の跡は生々しい。ばらばらになった船の材や海底に食い込んだままの大碇、持ち主を失った元軍の兜・剣・弓・炸裂弾などの武具、生活用具としての陶磁器・木製品・石製品、貯蔵用具としての壷・大甕など、大量に発見されている。軍船であっても小さいながら生活空間でもある。そこに当時の生活や文化、社会の縮図を見いだすことができるのだ。

遺跡の多くは、ある一定の時間の活動の蓄積によって形成されたものである。過去の活発な人間活動を想像することはある意味、楽しい作業でもある。一方、災害などの不幸な出来事に起因して形成されたものもある。地震や火山によって埋没した遺跡などがそうであるが、とくに海底にはそうした遺跡が多い。鷹島海底遺跡のような海難や沈没の跡もそうであるし、地震や津波によって水没した遺跡もそうである。災害現場に降り立ったようなフィールドの場合、およそ楽しい想像とはならない。極端な例を挙げれば、近年の東日本大震災の津波で海に引きずり込まれた人間の営みの痕跡を遺跡として客観的にながめることは、リアルタイムに生きている私たちにとっては難しい。半世紀以上の時間を経ている原爆の遺構も、そうであろう。程度の差はあれ、フィールドのなかに感情が取り込まれてしまうと、「モノ」に必要以上に語らせる結果となってしまう。そこにはフィールドと適度な距離を置いた視点も必要である。

海のシルクロードを渡っていったのは陶磁器だけではない。考古学者は残された「モノ」を見つめながら、失われた「モノ」を考えなければならない。つまり、過去は現在残っている「モノ」だけで構成されていたわけではなく、むしろ失われてしまったものの方が多いことを自覚していなければならない。陶磁器という残りやすい種類の遺物を研究対象とするときはとくにそうである。つい陶磁器を中心に考えがちになるが、歴史は陶磁器を中心に動いているわけではない。陶磁器はあくまでも時代の鏡のようなものであり、それに投影された歴史を読み取るようにしなければいけないのだ。

残された「モノ」から人間の営みを考えるには何より想像力が必要である。豊かな想像力がなければ、歴史は叙述できない。しかし、考古学者はフィールドに立っていきなり想像の世界のなかに入るわけではない。遺跡は少しずつ変化して、現在の姿となっている。過去の生活空間が時間とともに消失していき、やがて無機質なもの（たとえば陶磁器のようなもの）ばかりが残されることとなる。考古学者はその時間を逆戻しするように、少しずつ失われたものを復元していく。そのためにフィールドでは、はいつくばって地面に目を凝らしてみたり、少し離れたところから眺めてみたり、ときには掘り出した遺物を手に取ってなで回したり、ひっくり返したり、光にかざして見たりと、あの手この手で観察を行う。

客観的な観察と理解、これらを担保に考古学者は想像の世界に身を置くことが許されるのである。

参考文献

青柳洋治・佐々木達夫編（2007）『タニ窯跡の研究―カンボジアにおける古窯の調査―』連合出版.
荒木伸介（1985）『水中考古学』（考古学ライブラリー35）ニュー・サイエンス社.
有田町教育委員会（2010）『国史跡天狗谷窯跡―史跡肥前磁器窯跡（天狗谷窯跡）保存整備事業報告書―』.
九州大学大学院考古学研究室（2001）『玄界灘における海底遺跡の探査と確認調査』.
佐々木達夫（1999）『陶磁器、海をゆく―「物」が語る海の交流史』増進会出版.
野上建紀（2000）茂木港外遺跡確認調査報告―1998年8月―、「金沢大学考古学紀要」（金沢大学文学部考古学講座）第25号.
松浦市教育委員会（2011）「松浦市鷹島海底遺跡　総集編」（松浦市文化財調査報告書第4集）.
三上次男（1969）『陶磁の道―東西文明の接点をたずねて―』岩波書店.

Part III

分野をまたぐ

フィールドワークをしていると、意図せずに学問分野をまたいでしまうことがある。分野をまたぐのは、あるときには簡単で、あるときにはきわめて難しい。分野間の対話はどのようにしてなしうるのか。▲塚原は霊長類学から医学に転じ、探究の過程では人類学や経済学にも手を出す自らの「ひとり学際」を跡づける。▲医師である駒澤は、日本の病院とケニアのフィールドでの経験を重ね合わせ、医師としての成長に必要な「多様な視点」を語る。▲土木を専門とする坂本は、バングラデシュの現場における問題解決のために、専門外の視点を積極的に取り入れ試行錯誤するプロセスを述懐する。▲増田は国際保健分野における医学や疫学と人類学の関係を、方法的に相容れないがラブコールを送り合う「ツンデレ関係」というキーワードで切り出す。

8 ひとり学際研究のすすめ

霊長類学から医学へ

塚原 高広
TSUKAHARA Takahiro

パプアニューギニアの村人との出会い

パプアニューギニアは、オセアニアで最もマラリアが深刻な国である。私がマラリア研究を始めた2000年、新たなフィールドを開拓するためにこの国を訪れた。そして、翌年からパプアニューギニア大学との医学研究協力プロジェクトが始まり、日本側の責任者としてこの地にどっぷりとつかることになった。プロジェクトは3年で終わったが、今に至るまで毎年のように通いつづけている。

首都のポートモレスビーから飛行機で2時間あまり飛ぶと、東セピック州の州都ウェワクに着く。買い物客でごった返している目抜き通りは、端から端まで歩いても5分もかからない。商店と市場以外では、歩いている人をほとんど見かけないほどの小さな町だ。ここから海岸沿いに道路が延びている。途中から未舗装路になり川をジャブジャブと四輪駆動車で越えていくと、急峻なアレキサンダー山脈とビスマルク海に挟まれたわずかな平地に、カトリック教会、学校、診療所が見えてくる（写真1）。ここは太平洋戦争で南進した日本軍の飛行場跡であり、連合軍の落とした爆弾でえぐられた無数のクレーターは、いまやゴミ捨て場となっている。叢《くさむら》のなかには、飛行機、軍用車、高射砲の残骸がひっそりとたたずんでいる。

初めてここを訪れたときは、プロジェクトのパプアニューギニア側代表のW医師、それにウェワク病院医師、検査技師、看護師、さらに日本人研究者3名を加えた総勢20名で診療所に併設された空倉庫に雑魚寝だった。研究プロジェクトの一活動として、診療所や学校に寝泊まりして近隣の村を巡回していたのだ。住民のうち希望者から採血してマラリアの有無を調べ、マラリアを媒介するハマダラ蚊を採集するのが目的だ。

当時、私はまだマラリアの研究を始めて1年しかたっていなかった。そもそも私は生物学科の出身だった。大学院ではフィールド研究をすると決めていて、霊長類学者で野生チンパンジーの行動・生態のパイオニアである西田利貞さんの研究室を選んだ。初めてのフィールドは屋久島で、野生ニホンザルの観察が生活のすべてという夢の2年間をすごした。博士課程に進んでタンザニアで野生チンパンジーの調査を始めたが、2度目の長期滞在では何度もひどい高熱に襲われることになる。現地で入院、さらに帰国して療養するはめになり、それを契機として研究者から医師へと転身することにした。

医師となって3年目、病院の当直室で偶然手に取った医学雑誌の記事が再び私の進路を変えた。内科医向けに書かれた連載で、ヴァヌアツでのマラリアのフィールド調査の成果が生き生きと描かれていたのだ。読みすすめるうちに、もう一度、フィールド研究をしたいという思いがこみ上げてくる。記事の著者である金子 明さんに連絡したところ、縁あって研究室に入ることができた。ヴァヌアツ、マラウイで金子さんにマラリア調査のイロハを教わり、サンプルを採集して実験室で分析を始めた矢

写真1　パプアニューギニアの診療所
2002年撮影.

先、パプアニューギニア大学の研究機能を向上させるための国際協力プロジェクトの責任者として現地で指揮を執ることになったのだ。もはや霊長類研究者ではなく、内科医としてもかけだしで、マラリアのこともろくに知らず、国際協力も初体験だ。私には胸を張って専門と呼べるものは何一つなかった。

村についたらまず、パプアニューギニア大学のW医師が、住民を集めて彼らの共通語であるピジン語で調査の説明を行う。住民との質疑応答は私にはまったく理解できない。言語による情報を得ることがほとんどできない状況では、私の滞在が訪問現地の人びとにどう受けとめられているのかを自分なりに解釈し、それに応じて自分の振る舞いを決めなければならない。たとえば、私は、研究者であり、医師であり、日本人であるわけだが、はたしてどのような振る舞いが最もふさわしいのだろうか。はたまた、それらとは別の役割が期待されているのだろうか。

私は村の中心部の高床式の民家の床下に採血と検査をする場所を準備して、村人が来るのをひたすら待つ。滞在の目的はマラリア研究である。しかし、住民が研究についてどんなイメージをもっているのか見当がつかない。診療所の職員が予防接種のために村を訪れることは普通なので、同じような公衆衛生活動と受け取られるかもしれない。また、国際協力機構(JICA)から助成金を得たプロジェクトだったので、外国からの開発援助と見なしているのかもしれない。住民が採血検査に参加する行為は、彼らの観点で私の行為の意味を解釈した表れととらえることができる。採血検査会場にずっとたたずみながらも参加はせずに、じっと私たちにまなざしを向けつづける若者もいる。私と彼らは対話による意思伝達ができないので、私は彼らのまなざし、しぐさ、表情、行動に注目して彼らが私の行為をどのように意味づけたのかを解釈する。その解釈を元にして私は自分の振る舞いを決める。このように、自己と他者の間で双方の行為と再解釈のプロセスが延々と繰り返される過程は、社会的相互行為とか社会的相互作用（social interaction）と呼ばれ、社会は「人びとの間に日々行われている無数の社会的相互行為の網の目」ととらえられる（ジンメル１９９４）。

霊長類学の経験から得たミクロな観察の視点

このようなミクロな観察の観点は、屋久島で野生ニホンザルをひたすら観察することにより行動を解釈しようと四苦八苦していたときに出会ったものである。ニホンザルは、二頭で並んで休んでいるとき、片手で相手の体毛を分けてもう片方の手指で毛から何かをつまむようなしぐさを繰り返すことがあるが、これはシラミをとる行動で「毛づくろい」と呼ばれる（写真２）。毛づくろいをされているサルは無防備で身体を相手に任せており、毛づくろいするサルは黙々と手指を動かし続ける。私は、毛づくろいを交わし合う彼らのやりとりを詳細に観察することで双方のサルの意図を解釈し、さらには社会関係を解き明かすことを目指していた。毛づくろいを交わすサルを観察していると、身体を近づけあってお互いを許容して濃密なやりとりをしている「親しい関係」にあるという印象をもつ。母子や血縁が近いもの同士で毛づくろいが交わされることが多いことも知られている。したがって、二頭に「親しい関係」があるために「毛づくろい」という行為が成立していると考えることができる。しかし、私はこの解釈に強い違和感をもった。これは、身体をまさぐることが親しい関係でしか許容されないという人間社会のルールをサルにあてはめた擬人的な解釈ではないだろうか。

写真２　毛づくろいする屋久島のニホンザル
1985 年撮影.

ニホンザルではオスが交尾期をきっかけとして他の群れに移動する。新しく群れに加わったサルには、初めから「親しい関係」にあるサルはいないだろう。だとしたら、誰とどのように毛づくろいしたりされたりするのだろうか。新しく群れに入ったサルの毛づくろいのパターンを社会的相互行為ととらえることで、「毛づくろい」と「親しい関係」の関連について新しい仮説が生み出せるのではないか、と考えてこれを研究テーマに決めた。

毛づくろいが始まるきっかけを見ていると、座っているサルのところに別のサルが歩み寄って、目の前にごろりと寝ころぶことが多い。すると、座っているサルは、寝ころんだサルの背中を毛づくろいし始める。これを相互行為としてとらえると、寝ころんだサルは相手から毛づくろいを受けることを期待して「毛づくろいの催促」を行い、座っていたサルは、相手の意図に応じて毛づくろいをしたと解釈できそうである。観察の結果、催促をされたサルは、相手によって毛づくろいをしたりしなかったりということはなく、催促されれば相手によらず毛づくろいすることがわかった。

屋久島のニホンザルは、群れで果実を求めて遊動するが、群れのメンバーはいつも一緒に行動するわけではない。10m以内に他の個体がいることは稀で、サルたちが集まるのは、移動の途中に休息するときだけである。毛づくろいが起こるのはこのときである。日常生活ではほとんど直接的な交渉がないサル同士でも、近づいて催促さえすれば毛づくろいを受けることができていた。新加入のオスは誰彼かまわず催促をしており、結果として毛づくろいを受けていた。しかし、ひとしきり毛づくろいをうけたあと、オスは何もせずに座ったままで、相手はそのうちに立ち去ってしまうというのがよく見られるパターンであった。

また、一方が接近して毛づくろいを始めることもある。このとき、相手が毛づくろいされるのを拒否することはまったく見られず、毛づくろいをしやすいように姿勢を変えたりする。片方のサルに「毛づくろいをしたい」という意図があれば相手はそれを受け入れて毛づくろいは成立する。しかし、この場合もひとしきり毛づくろいしたあと、相手に「毛づくろいの催促」をすることはなく、そのままどちらかが立ち去ってしまう。また、このパターンは特定のサル同士に限ってて見られた。このように相互行為の観察を積み重ねた結果、「親しい関係」だから「毛づくろい」が成立するのでなくて、「毛づくろいを受けたい」または「毛づくろいをしたい」という意図がどちらか一方のサルにありさえすれば、毛づくろいは成立し、「毛づくろいをしたい」相手は特定の相手に限られるという結論に至った。しかし、それだけだと毛づくろいは成立しても一方向で終わってしまう。もしサル同士がお互いに相手から「毛づくろいを受けたい」かつ相手に「毛づくろいをしたい」ならば、結果的に毛づくろいをお互いに交わし合い、複雑なパターンで毛づくろいが持続することになる。その段階になって初めて「親しい関係」と解釈してよいのではないかと考えた（塚原１９９１）。

これらの解釈は、観察者である人間の活動との類似性にもとづく主観的な印象にすぎないのかもしれない。そもそも他者の行動を解釈することは、主観を通してしかできない。しかし、その主観的解釈は詳細に行動を観察することにより何度も修正されて確信となる。その過程は、自分と対象との相互行為にも似ている。観察者がたどり着いた解釈が偏見でないことは、その場にいなかった他者にとってもリアリティを感じられることによってのみ証明される。

言葉によるコミュニケーションが充分できない異文化の他者とのかかわりでは、違和感を持ちつつも、主観的に状況を判断して相手に働きかけを行わざるを得ない。他者の行動を自文化のルールで解釈してしまう恐れが常にあり、一見相手を理解したかのように思えることがまったくの誤解である可能性もある。したがって自分が他者の行動を解釈する際の根拠について自覚的になることが必要だ。なぜそのように感じるのか自問自答することで、自分を規定しているものの見方が明確になってくる。

もちろん自分の振る舞いも他者の見方によって解釈され、他者の行動に影響を与える。マラリア研究のため私たちが数日間滞在したある村では、私たちが次に来たときには村に病院を建設するという噂が広まってしまった。彼らの期待に応えることはできようもなく、もう二度とその村を訪問することはできなくなってしまった。その村でも住民の8〜9割は採血に訪れていたのだが、そのことは彼らが私たちの目的を了解していることを意味しない。以後、私は彼らから要求があったとき、できそうもないことははっきりと断るようにして、過度の期待を与えるような振る舞いをしないように心がけるようになった。

小集団と長くつきあう

パプアニューギニアでのマラリア研究協力プロジェクトは、公衆衛生、疫学、遺伝学、薬学、昆虫学と、多くの分野の研究者が参加した。私の役目は日本とパプアニューギニアの専門家とをつなげて共同研究体制をつくり、データ収集から解析までの共同作業を通じてパプアニューギニア大学の研究機能を向上させることであった。携わってまず驚いたのは、医学分野では研究が分業体制になっていたということである。データ収集は自分で行うのではなく収集方法をマニュアル化してアシスタント中心に行う。集めたデータの実験室での分析、統計解析はそれぞれの専門家に委託して分担することも多く、研究代表者も研究計画書に書かれている方法のすべてを把握しているわけではない。データ収集も測定方法も標準化されて誰が測定しても同じ結果になるということが暗黙の前提となっている。優れたフィールド医学研究の条件とされるのは、短期間で結果を出すこと、広域でサンプルサイズが大きいこと、方法がシンプルであることで、なかでも一般性が何よりも尊重される。標準化された方法で分業体制が敷かれていることには、医学研究なりの事情があるのだ。

海外調査で成果を上げるには、二つの方法があると思う。一つは今述べたように確立された方法論で広域に調査する方法である。これは正攻法だが、医学分野で広域に調査するためには、調査対象国の保健行政との強いパイプが必要で、さらに多数の熟練した調査員と膨大な資金を要する。調査が成功するかどうかは大人数からなる調査隊を管理する能力にも大きく依存する。また、こういった広域調査プロジェクトに主要な役割で参加するチャンスは限られており、個人の能力だけでなくタイミングや運も必要である。

もう一つの方法は、狭い地域で小集団を対象としてテーマを絞って深く追求するやり方である。大学院生は一人で低予算で調査をすることも多いだろうから、その場合は現実的な選択はこれしかない。最終的にすぐれた成果を得られるかどうかは個人の能力より運が大きいかもしれないが、小集団を対象とする利点もある。集団内の個体属性が比較的均質なので、コントロールしなければならない変数が少ない。また、小集団であるから現象のパターンが限られており結果をまとめやすい。また、現象の原因となる小集団特有のローカル属性を見つけることが重要で、それができれば仮説をつくりやすい。私が屋久島で行ったニホンザルの毛づくろいの研究も、休息時に意図的に他個体に接近しなければ毛づくろいが起こりえないというローカルな特性があったからこそ可能となったものである。常に群れのメンバーがえさ場に集まっていて接近していることが日常となっているような状況では、まったく別の現象が見られてもおかしくない。

霊長類学では、１０～２００頭程度の小集団を対象とする。群れのサル全員の顔を覚えて一頭一頭区別する個体識別が基本で、毎年、死亡、出生、移出入を正確に把握して家系図をつくることが必須である。個体識別できている研究者と一緒なら、新米の研究者でも比較的容易に個体識別ができるようになる。問題は、数年間調査が途絶えていた群れで個体識別を復活させることで、過去の写真と比較しながら家系図を再構成する作業は困難をきわめる。したがって、途切れることなく新たな研究者が入ってきて長期に維持していくことが必要である。

私が選んだ屋久島のニホンザルとタンザニアのマハレ山塊国立公園のチンパンジーは、ともに長期継続研究がなされてきた。一般に野生の群れは人に出会うと逃げてしまって観察できない。屋久島の半山地域のニホンザル群は1975年から始められた忍耐強い追跡と接近を行う人づけという方法で、1978年にはサルは人を恐れなくなり追跡可能となった。調査地の地形は険しかったけれども、群れサイズが小さいため遊動域も狭く野生群としては観察条件がきわめてよかった。調査地までバイクで30分ほどの村のはずれにある通称「サル小屋」での生活であったが、ここはフィールドを立ち上げた若い研究者たちが自主管理をしていた(写真3)。調査から帰って炊事をしながら小屋の窓から見える山並みを眺めると、このような環境に身をおける幸福をひしひしと感じたものだ。小屋の維持管理、炊事、現地の人びととのつきあい方といった運営上の技術から、サルの追跡法、調査法、それに毎晩の議論に至るまで、経験豊富な先輩方から学んだことは計り知れない。屋久島のニホンザル研究はその後も国際的な研究成果を挙げ、世界各国から研究者や学生がサルの研究に訪れている。2013年現在でも「サル小屋」は存在し、若い研究者が寝泊まりしている。

博士課程在籍中に野生チンパンジーの研究を行ったタンザニアの

写真3　屋久島のサル小屋
1985年撮影.

マハレ山塊国立公園は、さらに古く１９６５年から現在まで長期継続研究が行われている。私は、ここで１９８７年と１９８９年の２回、合計17カ月を過ごした。タンガニーカ湖畔から１㎞ほど離れた川沿いに研究者が滞在する小屋を建て、チンパンジーの人口動態、遊動のみならず、植物の分布、気温、降水量などの基礎データを記録する体制ができていた（写真４）。１９８９年は一人きりで調査していたのだが、ライオンが調査地に常住してしまいチンパンジーの観察が困難になってしまった。そこで、頭を切り換えライフル銃を担いだ助手と一緒にライオンの咆哮、足跡、糞などの痕跡からライオンの遊動を調べることにした。この調査が、チンパンジーにヒト以外の天敵がいる初めての証拠につながった。ライオンの糞のなかにチンパンジーの骨や毛を３回も見つけたのだ。犠牲となったチンパンジーは母子２組と若いオス２頭であることを突き止めたのだが、それは過去のデータの蓄積がなければなし得ないことだった（塚原２００２）。

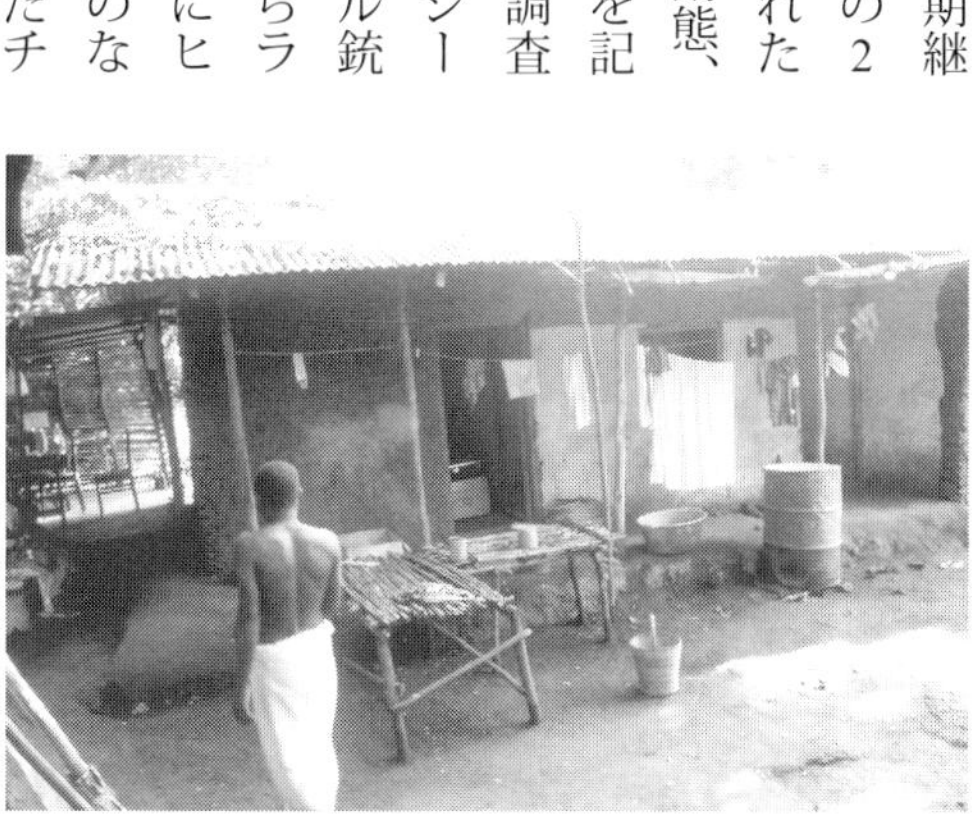

写真４　タンザニア・マハレ山塊国立公園の調査小屋
1987 年撮影.

これら二つのフィールドは、パイオニアである研究者の志を引き継いで、関係する研究者が継続研究のために労を惜しまなかったことで長期に維持されている。新たな研究者は自分の興味とは別に基本的な情報も併せて収集し、他の研究者と共有することでそれぞれの研究を深めていく体制がつくられており、過去の情報の蓄積がなされていく。そこから、質の高い研究が発信され、モチベーションの高い研究者が集まってくる。長期継続研究がなされているフィールドでの調査を初学者のうちに経験するメリットはそれだけでない。さまざまな関心をもつ研究者と出会い、フィールドで毎晩討論することで自分の視野を広げることができるだろう。そのことが、自分の関心領域を明確にし、さらには深化させることにつながるのだ。

住民の治療行動を経済学から考える

パプアニューギニアでの医学研究協力プロジェクトが終了した後、一つの村での長期継続研究を立ち上げることを決意した。住民が症状に対してどのように治療を選択しているのかというテーマに関心があった。子どものマラリアは治療の遅れにより重症化しやすい。子どもが熱を出したとき、親がすぐに医療施設に連れてくることがマラリア対策の鍵になってくる。何とかピジン語で対話できるようになった私は、カトリック教会が運営する診療所に寝泊まりして最寄りの村の住民を一軒一軒訪ね、子どもが発熱したときの対応について聞いてまわった。

聞き取りの結果、子どもが発熱したとき親は家庭内で治療する割合が高く、適切な抗マラリア薬による治療が行われる割合が低いことがわかった。そもそも、医療施設が不足しており抗マラリア薬の供給が不充分なことが、適切な治療を阻む因子であることは明らかであろう。しかし、薬の供給量が増加したとしても、医療者が期待するように住民が利用するようになるとは限らない。医療者の視点では、医学的にみて正しいとされる行動を住民が行わない場合に、住民の知識や教育が足りないために判断ができないと結論しがちである。しかし、現地の住民とかかわるうちに、彼らは複数ある治療の選択肢のなかから、自らの判断で医療施設に行かない選択をしているのではないか、彼らにとっての判断基準があるのではないかと感じるようになった。

改めて先行研究を調べてみると、住民がどのように治療を選ぶのか経済学の理論を使ってモデルをつくり、実際のデータを測定して実証する研究が行われていることを知った。しかし、経済学理論の基礎知識がないため論文を読んでも手法が理解できない。何人かの経済学者を訪ねて相談したあげく、社会人大学院に入学することに決め、現在は昼は教員、夜は学生の生活である。経済学のうち、個人や企業の行動を扱う分野をミクロ経済学といい、消費者と生産者が限られた資源を取引する際にどのように配分されるのかを研究する。取引に際して、個人の幸福（経済学用語では効用という）を最適化するように行動を選択すると考えるが、消費者の価値観は異なっており何をもって幸福とするかは異なるということを前提としている。医療でいえば、患者が消費者、病院や医師が生産者に相当し、限られた資源を使ってどのような医療サービスを供給し、それをどのように利用者に分配すれば、社会全体で幸福を最大化できるかを考えることになる。また、経済学者は効率性しか頭にないのではなく、公平性についても追求している点も見逃せない。効率性は供給者と利用者の両方の利益を最大化することであり誰が計算してもほぼ同様の答えになるが、公平性については価値観に応じてさまざまな基準があって当然とされている。したがって、公平性とは何かをはっきりと定義することが重要である。

当初は一つの村（図1）だけで始めた調査であったが、2010年からは、診療所の医療圏全体（人口規模は約1万人）で住居地図作成、人口動態調査、さらに発熱時の対処についての質問紙調査を行っている。

図1　パプアニューギニアの調査地域の位置

規模を大きくしたため、構造化された質問紙を使い調査員を養成して記録させる必要が生じた。これには国際機関が使用している質問紙が公表されていて、質問項目の選定の参考とした（Demographic and Health Surveys（USAID），Multiple Indicator Cluster Survey（UNICEF），Living Standards Measurement Study（World Bank)）。国際機関が主導で行う調査では、政府の統計局職員や専門スタッフが調査員として加わるようだが、個人レベルの研究ではそのようなことは予算的に難しい。結局、調査員として協力してくれたのは、ビレッジヘルスボランティアだった（写真5）。彼らは、村ごとに選出され自分の住んでいる村の住民のみに診察、基本的医薬品、健康教育、妊産婦検診のサービスを供給するこ

写真 **5**　質問紙調査をするヘルスボランティア
2010 年撮影.

写真 **6**　患者を診察するヘルスボランティア
2010 年撮影.

とができる。医薬品はNGOより無償で供給されているが、年度が切り替わる時期には在庫が払底することもしばしばである。彼らを監督する診療所スタッフは、通常の診療業務と兼任のため充分なサポート体制がとれていなかった。このような状況のなか、ビレッジヘルスボランティアは農作業、炊事、洗濯、育児の合間に無償で保健活動をしているのである（写真6）。

彼らに参加を呼びかけて質問紙調査の調査員になってもらったが、質問紙の標準化は一筋縄ではいかなかった。国際機関の質問紙には調査開始時刻と調査終了時刻の記入欄があるが、誰も時計をもっていない。また、「いつ発熱しましたか」「発熱して何日後に受診しましたか」という2つの簡単な質問でも混乱が生じた。発熱した日と受診した日という過去の2つの時点が出てくることが問題だった。過去の時計なしでの生活が当たり前の彼らは、私たちとは時間に対する感覚が違っているのだろう。過去の2つの時点の時間間隔というのは私たちには実体のごとく日常生活に溶け込んでいるが、じつは抽象概念なのだ。結局、「いつ発熱しましたか」「その後受診しましたか」「発熱したその日に受診しましたか」「発熱した次の日に受診しましたか」「発熱して2日以上経って受診しましたか」と、より具体的に聞いていけば混乱しないことがわかった。このようにして、質問文と回答の選択肢を何度も改変することとなった。たとえそれが測定したい項目だったとしても、調査員であるヘルスボランティアに少しでも混乱を招くような質問は断念せざるを得なかった。

治療を選択する際の因子に加えるべきであるが現実には測定が不能な変数を除外変数といい、除外変数があると結果にバイアス（不一致性）が生じる。理論的には対象者をランダム抽出することでこのバイアスは取り除けるので、質問紙調査の医学論文ではランダム抽出を用いたと書かれていることが多い。しかし、実際に開発途上国で調査を経験してみると、対象者をランダム抽出することは現実には困難である。その点、経済学ではランダム抽出ができない現象を扱う場合が多く、除外変数を処理する手法が発達しており、開発途上国の住民行動を対象とした質問紙調査では、経済学の方法から学ぶことが多いと感じている。

話を聞く仕事──疫学と人類学

患者から話を聞いて診断や治療に必要な情報を得ることは、医師や看護師にとって日常のありふれた業務である。医療行為としての患者との対話を医学では医療面接という。医療面接の意義は、良好な患者医師関係を構築し、医療情報の収集や病状説明を行うことであり、そこには患者教育も含まれる。また、医療面接による情報収集技法は体系化されており、誰もが学習によって到達できると考えられている。職人芸のような暗黙知を前提としたものではない。多忙な日本の外来診療では、医療面接にかけられる時間はせいぜい5分から15分である。日々の診療を通じて、最低限必要な情報だけを制限時間内に収集する能力が訓練されていく。この局面では「早く、必要最小限に、誰にでもできる」が追求されており、医療者は自ずとこの三点が大事であるという価値観のなかで生きるようになる。

医学のなかでも、公衆衛生学のように、人から話を聞いて情報収集することが研究の一要素になる分野がある。公衆衛生学で使われる分析手法は疫学で、疾病の罹患を始め健康に関する事象の頻度や分布を調査し、その要因を統計により明らかにする。疾病の診断は生体資料や画像検査など医学的手法によって行われるが、疾患に影響を与える因子については、調査対象者から話を聞いて情報収集することも多い。その場合、心理学で使われるような標準化（構造化）された質問紙を用いるのが普通であり、あらかじめ質問項目や回答する選択肢は決まっている。質問項目は必要最小限に絞って質問時間が短いほどよい。測定したい項目の内容を正確に反映し（妥当性）、再現性（信頼性）があるすでに開発された質問紙を使用することが望まれる。また、対象地域が広ければ広いほどその調査の価値が高いとされる。そのため、質問をする調査員も多数必要であり、誰が質問しても同じ結果が出るようにあらかじめ訓練することが前提となっている。「早く、必要最小限に、誰にでもできる」ことが重要なポイントであるが、これは医療面接で重視されることと同じなので医療者にも受け入れやすい。疫学ではさらに「多量」の情報も大事なので、多数の調査員を管理運営する能力も必要となる。

一方、話を聞いて情報収集する学問としては、文化人類学や社会人類学がある。医療面接でも、じつは人類学の考え方が取り入れられている。良好な患者医師関係を築くために、医師は患者が自分の病気をどうとらえているか把握する必要がある。患者の考える病気（illness）と医師の考える疾病（disease）が異なることを示した「解釈モデル（説明モデル）」という概念が背景にあり、これは医療人類学者であるクラインマンが提唱したものである。ところが、日本では医学部に所属する人類学者はほとんどいないため、医療従事者の間ではこの分野の知名度が低く、充分な医学教育は行われていないのが現状である。

人類学では小集団を対象として時間をかけて情報を収集するという点で、霊長類学のアプローチと共通する部分がある。この分野が得意とするのは、仮説の検証ではなく独創的な仮説をうみだすことで、「時間をかけて、深く厚い情報を、独創的な視点で」が評価されるが、必然的にサンプルの数は少なくなってしまう。疫学者が価値を置く「早く、必要最小限に、誰にでもできる、多量に」と正反対である。医学分野では、誰でもが理解できる簡単な研究結果であればあるほど価値が高い。一方、人類学で重視されるのは多様性に富む情報を包括的に記載し民族誌をつくること、さらに、一般性のある部分とその社会固有な部分を腑分けして事象の意味を解釈してつくっていくことである。疫学者は複雑な情報にまず面くらい、背景知識に乏しく人類学の理論も知らないために人類学者の解釈が理解できない。

しかし、人類学者にとってはごくありふれた情報でも、疫学者にとって有益である可能性は充分にある。たとえば、人類学者にとって親族関係が文化によってまったく異なり、個人の行動を規定する重要な要素であることは当然のこととされている。一般に先祖を同一にする親族グループはクランと呼ばれていて、婚姻、土地所有をはじめ社会や経済に大きな影響を及ぼしている。私たちが村に泊まり込んで調査していたとき、パプアニューギニア大学のW医師が急に自分の出身の村に戻ってしまった。亡くなった自分と同じクランのメンバーが他のクランの者に呪い殺されたのではないことを証明するために、自分の村まで説明に行かなければならないからだそうだ。W医師は英国や日本に何度も留学して、近代の論理で私たちと日頃つきあっている。しかし、同時に彼には村社会の濃密な関係が網の目のように絡みついているのを垣間見たようであった。クランが違えば医療に関連する行動も異なる可能性があるのかもしれない。

また、パプアニューギニアでは、子どもには何人も「母」がいる。ここでは母方のオバのことも「母」と呼ぶのだ。また、子どもを養子として親族に出したり、逆にもらったりすることは普通だが、養子にいったはずの子どもがまた実の親のところに戻ってきたりもする。また、戸籍や住民票があるわけではないので、家族や世帯を研究者が自分で定義しなければならない。家族、親子という基本的な社会関係と健康の関連を調査する際にも、人類学の基礎知識が不可欠なのだ。

総合研究への道

私は一貫してフィールド研究を続けてきたが、自分の関心のおもむくままに対象も地域も分野も何度も変えることになった。専門性をもった研究者になるにはこれは決して勧められるものではない。専門研究者を論文作成能力と考えると、少なくとも10年はある一つの分野だけに専念する必要があると思う。というのは、博士論文を書くまで5年かかり、独り立ちして論文を書くことができるまでにさらに5年は必要だからだ。私は10年を待たずに専門を変えてきており、専門と呼べる分野をもたない研究者といえそうだ。

異なった専門分野の研究者が共同で行う研究を学際研究というが、医療、看護、公衆衛生のみならず、産業、開発など実践につながるフィールド研究では、学際研究が独創性のある成果をもたらすのではないかと期待されている。かつて私が携わったマラリア研究協力プロジェクトも、公衆衛生、疫学、遺伝学、薬学、昆虫学の各分野による学際研究だった。私は専門のない研究者だったから、それぞれの分野の方法論を分け隔てなく吸収することができた。しかし、当時の私は学ぶのに精一杯で、プロジェクトの成果は、各分野の独立した研究成果を寄せ集めたものだった。ある一つの分野をささえている方法論に他分野の視点から踏み込むことはできず、複数の分野を総合した新たな理論や結論を生み出すまでには至らなかった。

森岡(1998)は、幅広い学問領域のメンバーが集まる共同研究を「学際型共同研究」と呼び、異なった分野の学問的総合がなされる研究を「総合研究」として区別した。そして、「総合研究」が成り立つためには「ひとり学際研究」が不可欠だとした。「ひとり学際研究」とは、一人の研究者が自分の専門分野の枠から離れて、自分の問題意識に合わせてさまざまな分野の手法を組み合わせて問題解決を図ることであるという。そして、専門型研究、学際型共同研究、ひとり学際研究の三つが有機的に組み合わさってはじめて「総合研究」が成立するというのである。

一人の頭のなかで違う分野を総合することは、関心の違った多人数でやるよりはやさしいように思うが、総合研究を新たな方法論を創出することとするなら、いずれにせよ簡単なことではない。分野が違えば、最終的な結論は変わってくることがむしろ当然かもしれない。前提が異なり、分析手法が異なり、結果を解釈する論理の組み立ても違うのだ。手始めに行うべきは、他の分野で得られた結論を飲み込むことではなく、最も大事とされている根源原理を理解することである。学際的な研究にかかわっているのであれば、共同研究者に参考書を聞いてもいいだろう。いまは優れた入門書がたくさん出ているので自習も可能である（経済学を例にとれば、小島２００９、八田２００８など）。他の分野の方法論を学ぶことから、自らが置いている暗黙の前提も見えてきて、自分の専門分野では抜け落ちている部分がはっきりしてくる。もう一度フィールドに行って追加資料を収集する必要も出てくるだろう。そのあとで、自分のデータを見直して再解釈する。さらに、自分の専門領域による解釈とすりあわせてみる。そこで、目から鱗が落ちるような経験を繰り返せば、「ひとり学際研究」ひいては「総合研究」への道は開けるのでないか。

そもそも、私自身がたどってきた霊長類学と医学は、自然科学でありながらも人文社会科学の方法論をも含んだ包括的な学問であった。まず対象ありきで、テーマと関心に応じて方法論を変えて既存の知識を再解釈する姿勢が身についていた。さらに実際のフィールドでの経験を通じて、それぞれの方法の得意な面だけでなく、限界についても肌で感じることになる。私自身は、まだ「ひとり学際研究」の途上にあるが、公衆衛生、国際保健のような学際的で実践を重視する分野では、ある特定の専門に偏らない研究者だからこそ、将来は、各専門家の間を繋いで新たな方法論を生み出す触媒になれるのではないかと考えている。

参考文献

小島寛之（２００９）『使える！経済学の考え方』（ちくま新書８０７）筑摩書房．

ジンメル・G．（１９９４）『社会学』（居安正訳）白水社．

塚原高広（１９９１）グルーミングの経済学、西田利貞・伊沢紘生・加納隆至編『サルの文化誌』平凡社、pp.337~349.

塚原高広（２００２）捕食者──ライオンがチンパンジーを食う、西田利貞・上原重男・川中健二編『マハレのチンパンジー《パンスロポロジー》の三七年』京都大学学術出版会、pp.337~349.

八田達夫（２００８）『ミクロ経済学Ⅰ』東洋経済新報社．

森岡正博（１９９８）総合研究の理念：その構想と実践、「現代文明学研究」1, pp.1~18.

Demographic and Health Surveys （２０１３年７月８日閲覧）http://www.measuredhs.com/

Multiple Indicator Cluster Survey（２０１３年７月８日閲覧）http://www.unicef.org/statistics/index_24302.html

Living Standards Measurement Study （２０１３年７月８日閲覧）http://go.worldbank.org/IFS9WG7EO0

9 日本の病院とケニアの小島にて

医療の視点、人類生態学の視点、そして住民の視点

駒澤 大佐
KOMAZAWA Osuke

病院というフィールド

医療は本来、じつに不幸な現場である。患者は身や心に不調があるからこそ医療機関(以下、「病院」)を訪れる。不幸な人がいなければ病院は成り立たず、医師をはじめとする医療従事者は、人びとの不調がなければ仕事を失ってしまう。したがって、医療従事者がたびたび、「あの患者は不定愁訴(体調が悪いと訴えるが、調べると原因が見つからない状態)が多い」「その患者は経過がよいのに、いつまでも『具合が悪い』と言っている」などと、体調不良の責任が患者自身にあるかのように評価するのはまったくの誤りである。患者の訴えがなければ自らが失業してしまうことを肝に銘じ、医療従事者はそのすべてに対応することが求められている。

とはいえ、世の中から身や心の不幸・不調がなくなることはまず考えられないのであって、実際には病院は、さまざまな職種を抱え、多くの雇用を生み出す、よい就職先の一つとして機能している側面がある。多くの職員を抱え、多くの患者およびその家族が行き交う病院は、本来不幸な場であったはずが、今や人と人との触れ合いの場として重要な位置を占めるようになった。たとえば日本の中小

都市のなかには、大勢の人に出会える場所はもはや中心部にある商店街ではなく、郊外の大型ショッピングモールか、もしくは病院であるような所も珍しくないだろう。

日本の病院では、ごく一部の例外を除き、さまざまな社会階層の人が一堂に会する。迎え入れる医療従事者側は、目の前に現れた人がどのような社会的背景をもち、何を求めて病院に来たのかを見抜く能力が問われる。病棟診療では、初対面時の印象さえ大事にしておけば、これらの情報を徐々に集めることも可能であるが、混雑している外来診療においては、患者の社会的立場や希望を見誤り、患者の訴えに充分な対応をできないことも珍しくない。患者との関係はつかず離れずとはいうものの、距離感を保つことは容易ではない。私はどちらかといえば、じっくり患者の訴えを聞きたい方であるので、駆け出しの医者であった20代前半の頃には、患者との関係が深くなり過ぎた経験もあり、思い出すたびに今なお冷や汗が出てしまう。新米の医者にとって、技術や知識の習得と同時に、患者との距離感を体で覚えていくことは重要な達成目標でもある。

振り返ってみれば、私にとってフィールドワークの修業は病院勤務時代からすでに始まっていた。一人の患者がいたら、家族を巻き込みながら問題解決にあたらなければならない。家族だけで対応困難な場合は、家族の居住環境を考慮に入れて行政の支援を要請する必要もある。

一方、周知のとおり医療にまつわるカネの動きは莫大である。付きまとう利権関係も相当大きな影響力をもっているであろうことは容易に想像でき、カネの配分を調整するための制度改廃がたびたび行われる。保険診療が原則である日本の医療の現場は、常に制度改廃の影響を受けることになり、それは現場での患者診療にも直接的に関係する。一人の患者の身辺から次々と関連要素が広がり、国家的方針が一人ひとりの患者に直接影響し、さらには混合医療解禁をめぐる議論のように国際関係まで関連をもつ可能性があるのだ。今から思えば、医療の現場は、まさに漸進的文脈化（Vayda 1983）の実践の場であった。

私が医学部学生であった6年間、および医師となって初めて研修生活を過ごした5年間は、たとえば急性期病床の削減や大病院の外来患者数制限に対する制度的支援など、国家的政策として医療機関の役割分担が強力に推進され始めた時期であり、また病院側でも各勤務医師の売上高、各科患者一人あたりの単価などを公表し、国が定める制度にもとづいて病院の収入を増やす方策を真剣に考え始めた時期でもあった。医療をめぐる利害関係の複雑さに圧倒された当時の私は、いつしか現代医療の先行きに不安を感じ、持続可能な医療とはどんなものか、さらには医療が人間自身にどのような変化をもたらすのか、じっくりと考えてみたいと思うようになった。先進国で起こった〝健康転換〟や〝人口転換〟のような現象（Riley 2001）が今後開発途上国においても進んでいき、日本と同様の医療制度が構築されていくとすれば、それが本当に人類の存続によい影響をもたらすのだろうか。このような漠然とした疑問が、私を日本の臨床現場からフィールドワークへと駆り立てた。

フィールドワーク事始め

（1）「人類生態学」との出会い

ただ漠然とフィールドワークへの憧れをもっていた研修医5年目の私が、実際にフィールドワークを行う方法として、まず思いついたのが大学院への進学である。指導教官と研究機関を選択するにあたり、医学系にかかわらず候補を探そうとは思ったものの、医学部を卒業してすぐに研修医生活に入った私にはフィールドワークの素養がまったくない。大学に入ってから11年間にわたって蓄積してきた医学の知識や経験もけっして無視できるものではなく、私が多少なりとも持ち合わせていた専門性は、医学以外にはなかった。医学と多少なりとも関連がありフィールドワークが盛んな研究機関ということで、学部生だった頃の恩人を頼ってたどり着いたのが、長崎大学熱帯医学研究所（以下、熱研）に当時在職していた門司和彦教授であった。以来、私は門司教授の門下生として、人類生態学研究者の端くれということになっている。

人類生態学とは何か。門司教授と初めて出会ったとき、「人類生態学」の話を伺って、まさしく自分がやりたいのはこれだ、と思ったものだが、それから10年近くを経た現在、さて人類生態学とはどういう学問かと問われると、この問いに私が正確に答えられるのか、まことに心許ない。大塚らの著書『人類生態学』によると、人類生態学とは一言でいえば、「ヒトの環境適応を研究する分野」である。しかし、ヒトの難しさは、生物学的な特性に加えて文化的な特性も同時に関与していることであり、その両者を統合的に理解することが人類生態学の立場だそうである。ここまで聞いてもやはり具体的に何を研究する分野なのかピンと来ないので、同書の目次を見ると、「生態系の中の人間」「人間の生存と健康」「人口からみた人間」「環境問題と人間」という大見出しがあがっている。かなり広い範囲を扱っており、人間を取り巻く複雑な環境を、複雑なまま理解しようとする学問であることが読み取れる。これが可能かどうかは別の議論に譲るとして、フィールドワークに飛びついた私は、おそらくこのような野心的な達成目標に惹かれたのであろう。

（2）フィールド選び

長崎大学の熱研に移った私は、いよいよ具体的なフィールドを選ぶ段階を迎えた。当時熱研では、ケニアに研究者を赴任させ、ケニア国立中央医学研究所を協力機関として現地研究拠点を設立する計画が具体的に動き始めていた。ケニア研究拠点の目玉の一つに、熱研の金子 聰教授が中心となって取り組んでいた人口登録動態調査システム（HDSS: Health and Demographic Surveillance System）の構築があり、私はＨＤＳＳチームの一員としてケニア研究拠点の活動に参加することになった。一般に開発途上国においては住民登録制度が未整備で、医療や公衆衛生政策の企画施行に不可欠である信頼性の高い人口動態情報や医療統計情報などを得にくい。ＨＤＳＳとは、このような状況下にある特定の地域を指定して、その地域内すべての住民を登録し、定期的にデータを更新して人口動態を把握してゆくシステムのことである。私の大学院での研究計画は、ＨＤＳＳから得られる数値データの統計解析に加え、人類生態学の研究らしく、参与観察やインタビューなどによる「質的研究」を組み合わせ、「ケニア農漁村部の健康状態が依然として劣悪な原因を探る」という大雑把なものとした。これが大風呂敷であることは後に自覚したし、研究計画執筆時から批判もあったが、当時の私はまだ、「複雑なことを複雑なまま理解したい」という夢が大きく、あまり批判が気にならなかったのかもしれない。

長崎大学ＨＤＳＳは、ケニア国内のインド洋沿岸地域とヴィクトリア湖畔地域の2カ所を対象地域とし、それぞれ約5万人程度、計10万人程度を捕捉するという計画を立てていた。この地域内で私が独自に参与観察やインタビュー調査を行う場所として選んだのは、ヴィクトリア湖内の小島である。仮にA島と名づけておこう。A島を選んだ理由は、本土から乗合旅客船で約1時間の距離にあり、ほどよく遠隔地に思えたこと、また、数百人規模以上の人口をもつという情報を得ており、「質的研究」だけでなく統計解析を行える可能性も残せたこと、そして何よりも私が気に入ったのは、ヴィクトリア湖の豊富な淡水を生活用水として用いることができ、水汲みの苦労が少ないと思われたことである。島という比較的閉ざされた社会で、人の出入りを確認しやすいという利点もある。

（3）フィールドと研究者との関係のあり方

かくしてフィールド調査地を定め、いよいよフィールド研究が始まった。２００６年のことである。ケニアでは自国人か外国人かを問わず研究者が現地調査を行う場合は、必ず研究許可証を得る必要があり、それに加えて少しでも医学が関連する場合は、ケニア国内の研究機関内で組織された倫理委員会の承認を得なければならない。私は、長崎大学の研究協力機関であるケニア国立中央医学研究所で倫理審査を受けた。被調査者の人権を守ることは今や世界の常識といってもよく、なかでも医学系の研究には厳しい倫理審査が行われ、これは開発途上国とて例外ではない。ケニア中央医学研究所の研究許可手続きは三段階あり、まず各研究センター（微生物学、ウイルス学、公衆衛生学など、分野ごとに分かれている）における審査、続いて全所内を管轄する研究運営委員会の審査、この承認を経て、最後に倫理委員会の審査がある。各委員会とも1～2カ月に1回の開催であり、私の場合、すべての手続きを終えるのに約半年を要した。とくに重視されたのは、予定されている研究が、調査対象地域にどのような利益をもたらすか、また不測の悪影響をもたらす可能性はないかなど、地域社会との関係を細かく記述することである。今や、純粋に学問的興味があるから、あるいは好奇心があるからなどの理由だけでは、フィールド研究を行うことは許されず、地域への貢献を求められるのだ。被調査者から取得する研究参加同意書の現地語訳も、計画書への添付を要求された。委員会の勧告にしたがって記述を追加していった結果、私の研究計画書はＡ４判で50ページ以上に及ぶものとなった。

こうして無事に研究計画が承認されても期間は1年であり、1年ごとに研究の進捗状況を報告し、研究許可の更新を行う必要がある。フィールド研究に待ち構える煩雑な手続きを考えると、短期間の滞在による付け焼刃的な研究は今後ますます困難になってくると考えられるが、一方で煩雑さを乗り越えてこそ、「現地の方の協力を得て、研究させてもらっている」という認識を改めて得られるという一面もある。かつては、煩雑な手続きを必要とせず研究許可を取得できた、あるいは研究許可を受けずにフィールド研究を行えた時代もあったと聞くが、社会の変化に応じて、フィールド研究と現地社会との関係の持ち方も変わっていくのであろう。

フィールドでの試行錯誤と挫折

(1) 島一番の網元宅に下宿

無事倫理承認を得て入った初めてのフィールド調査は試行錯誤を繰り返すことになるが、それでも私の場合、長崎大学HDSSの現地拠点の全面的な協力を得ることができたのは幸運であった。長崎大学拠点は、調査地であるA島へ向かう乗合旅客船が発着する本土の港近くにあり、インターネットなどの通信環境も比較的良好に整備されていた。同拠点にはHDSSチームの現地調査助手に加え、同時進行で現地調査活動を行っていた昆虫学分野研究チームの調査助手も多数出入りし、A島に関する情報は事前にかなり得ることができた。私のように参与観察やインタビューを研究方法として用いる場合は、調査地に住み込むのが一般的であると思うが、私の下宿先は、長崎大学研究拠点のスタッフの助言で比較的容易に決めることができ

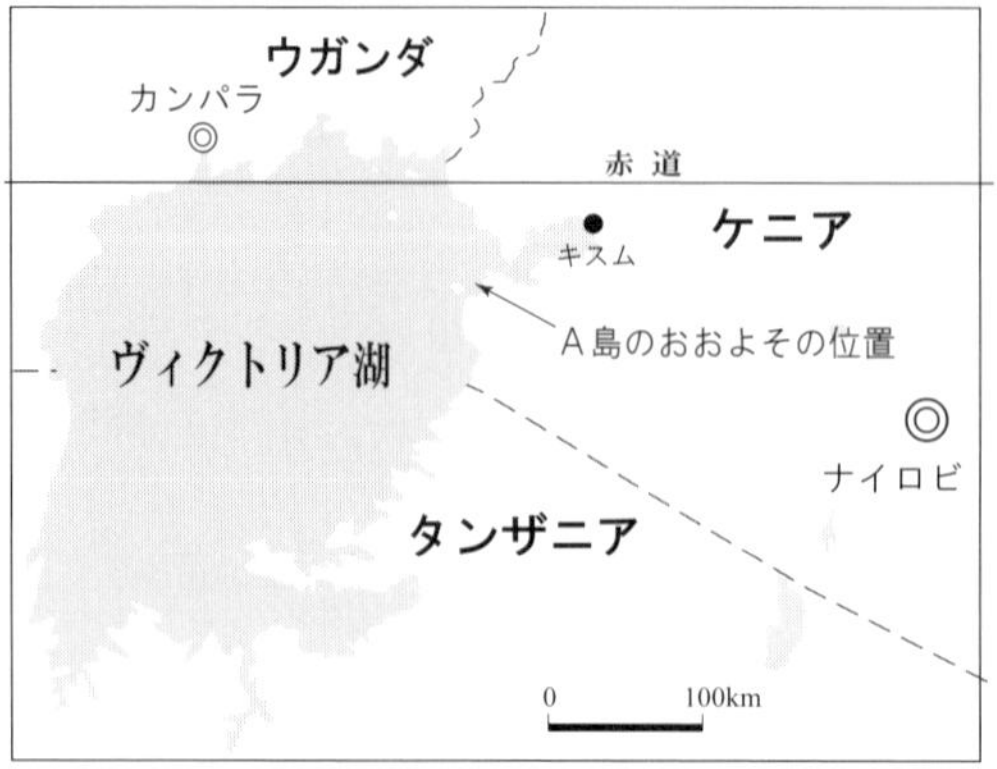

図1　ケニアのA島の位置

きた。

私が下宿したのは、A島最大の網元宅である。後述するようにA島の基幹産業は漁業であり、島で最も多くの漁船や漁網を所有する島最大の網元とは、島一番の資産家、あるいは島の経済の元締めとほぼ同意と考えてよい。A島を含む地域では一夫多妻制がとられており、それぞれの妻に対して一軒の家が建てられる。この網元は四人の妻をめとっていたが、第三夫人が死亡して空き家となっていたところ、ここに私が寝泊まりすることを許され、網元の息子として迎え入れられた。フィールドの下宿先の決定については、フィールド研究者それぞれの物語がある。私は現地の研究助手の勧めるがままに決めてしまったが、結果的には、A島という地域社会の上層に立つ家庭の一員となることで、得るものは大きかったと感じている。

私の研究は多分に民族誌的な要素も含んでいたが、やはり医療に関する事柄のデータ収集に重点を置いており、可能な限り短期間で必要な情報を集めることが望ましい。網元の息子となれば、島の住民と話をするときも自己紹介が簡単である。また、完全に現金経済に取り込まれている現地において、やはり研究者と現地住民との経済的な格差は隠しようがなく、たとえば通りがかりの酔っ払いにはよく現金をせびられた。このような場合に、カネは網元宅に要求しなさいといってその場を逃れるのにも、網元との関係は役立った。現地住民のなかには網元のことを快く思っていない者もいたかもしれないが、少なくとも私が調査した時期はそれが表面化することはなく、網元の息子という立場を大い

写真 1　A 島の丘から A 島北岸を望む
湖岸には主に漁業移民の住むトタン小屋が密集している．
遠方に見えるのは A 島から約 1.5km 沖合にある別の島．

に利用できた。当然のことながら、地域社会の上層部にアクセスしたことによって、かえって得られなくなってしまった情報もあるかもしれない。

網元宅に滞在し、通常では得られない情報を補ってくれたのは、じつは私とともに島に滞在した妻の存在ではないかと思っている。やはり女性はどこでも人気者である。現地語を多少なりとも話す日本人女性ともなるとなおさらで、現地の男性だけでなく、女性にも好かれる。妻は研究者ではない。ただ私の妻であるというだけで辺鄙な島に入り、風呂はヴィクトリア湖で全裸の湖水浴、当然のごとく電気はなく、さらにはマラリアやコレラ感染の危険すらある生活をよく一緒に送ってくれたと感謝している。妻がいたからこそ現地住民と和やかな時間を過ごせた機会は多く、地域社会の下層に位置する住民、たとえば女性や、後述する漁業移民からの情報を得やすくなったことはまちがいない。その他、密造酒の製造販売や大麻使用など非合法活動の情報も、妻の好奇心も手伝ってか、自然と入ってきた。島には、漁業取締官を除き官吏が立ち入ることは滅多になく、これらの非合法活動は日常的に行われているものの、やはり島民には隠されるべきものと認識されており、外部者がこれらの情報にアクセスするには多少の工夫が必要だと思われる。すべての研究者に適応できるとは思わないが、夫婦でフィールドに入ることで、より多面的な調査を行える可能性はあるだろう。

（2）研究者の目と現地民の目

フィールド生活の当初は、当然のごとく現地住民の奇異の目にさ

写真 2　島の水はヴィクトリア湖から
飲料水，洗濯，食器洗いなど，島の水はすべて湖水に依存している．

らされた。とくに子どもたちは遠慮なく様子を見に来るので、通学や下校時間帯になると、私の寝泊まりしていた家は子どもの人だかりということもあった。下宿先のママ（網元の第一夫人）や長女が追い払ってくれるものの、落ち着いて朝食も食べられない。だが、これが数日で落ち着きを見せはじめると、私の存在がしだいに島に溶け込んでいくのを肌で感じるようになっていく。島で生活し始めたころは、調査の息抜きと安全な飲料水の確保という両方の目的で、毎日のように日本の5分の1以下の値段で購入できる某有名メーカーの炭酸飲料水（ソーダ）を飲んでいたものだが、しだいに多く子どもたちから「ソーダを買ってくれ」といわれるようになっていった。現金収入がまだまだ貴重な島において、子どもたちにとっては、ソーダは特別な高級品であったに違いない。島に溶け込んだつもりでいても、ソーダ一本に対する住民の視点に気づかなかったことを恥じたものである。

A島には、熱研の昆虫学研究チームがときどき訪れ、蚊の成虫や幼虫の採集を行っていた。ある日、同チームが住民のマラリア罹患状況を調査するため、大規模な調査団を送り込み、突如として机をいくつも並べ、子どもの採血を始めた。私自身、調査する側でこのような場面に立ち会ったことはあったが、調査される側に立つのは初めてである。娯楽が少なくきわめて単調な日々である島の生活において、調査団の来訪はまさにお祭り騒ぎ。うわさを聞きつけて次から次へと人が集まり、検査を受けていく。別世界から来訪者が突然やって来て、半日の祭りの後帰っていく。帰った後、島には普段通りの単調な生活が戻る。考えてみれば、単調な島の生活において、調査団の来訪が好奇心を集めるのは当たり前のことであるが、受け入れる現地社会の視点を実際に体験したのは初めてである。調査地の地域社会において、外部者を見る視点を感じた象徴的な出来事であった。医療系の現地調査は、ときとして集中的に現地住民の検査を行うことがあるが、このような出来事は現地住民にとってかなりのインパクトをもって記憶されていくと、肝に銘ずるべきであろう。

島の暮らし

さて、数カ月にわたる現地調査の結果、A島に関する情報が徐々に集積してきた。A島の生業は農業、家畜飼養、そして漁業である。農業（トウモロコシが中心）と家畜飼養（牛、山羊、鶏、アヒル、豚）は主に自家消費を目的としたものであるのに対し、

写真 **3**　地引網漁

A島でナイルパーチ漁に主に用いられている漁法は，地引網漁である．

写真 **4**　建造中の漁船（手前）と乗合旅客船（奥）

私が下宿していた網元の屋敷では造船も行われている．乗合旅客船は網元の重要な商売の一つ．

写真 **5**　網元が建造した乗合旅客船の進水式

網元に雇われている漁師総出で竣工を祝う．

漁業は島に現金をもたらしている。とくに２０００年頃、近くに製氷工場が落成した後は、輸出産業としてナイルパーチ（*Lates Niloticus*）漁が飛躍的に伸びている。２００8年に私が記録を取ったところ、ある一週間の島全体の総売上高は51万5千シリング（約７３００米ドル）あまりであり、島民一人あたりに均すと約５００シリング程度となった。現金収入の機会が乏しい周囲農村に比べ、確実に現金を得られるＡ島の魅力は大きい。それゆえ、周辺の農村から多数の移民が島へやって来るようになった。ＨＤＳＳから得られたデータによると、調査時の島の人口は１１００人で、うち男性が47％、5歳未満人口割合は19・４％、15歳未満では44・６％と年少人口の割合が高い。島の人口ピラミッド（図２）をみると、20歳代後半から30歳前後の人口が多い。

島の住民は、土地所有が許される４つのリネージ（実在の一人の祖をもつ出自集団）からなる先住者集団と、それ以外の漁業移民に大別される。先住者集団はいずれもバントゥ系のスバ民族とされているが、周辺地域で圧倒的な多数派を構成しているナイロート系のルオ民族に、現在では言語的、文化的に同化しており、そのことは私が話を

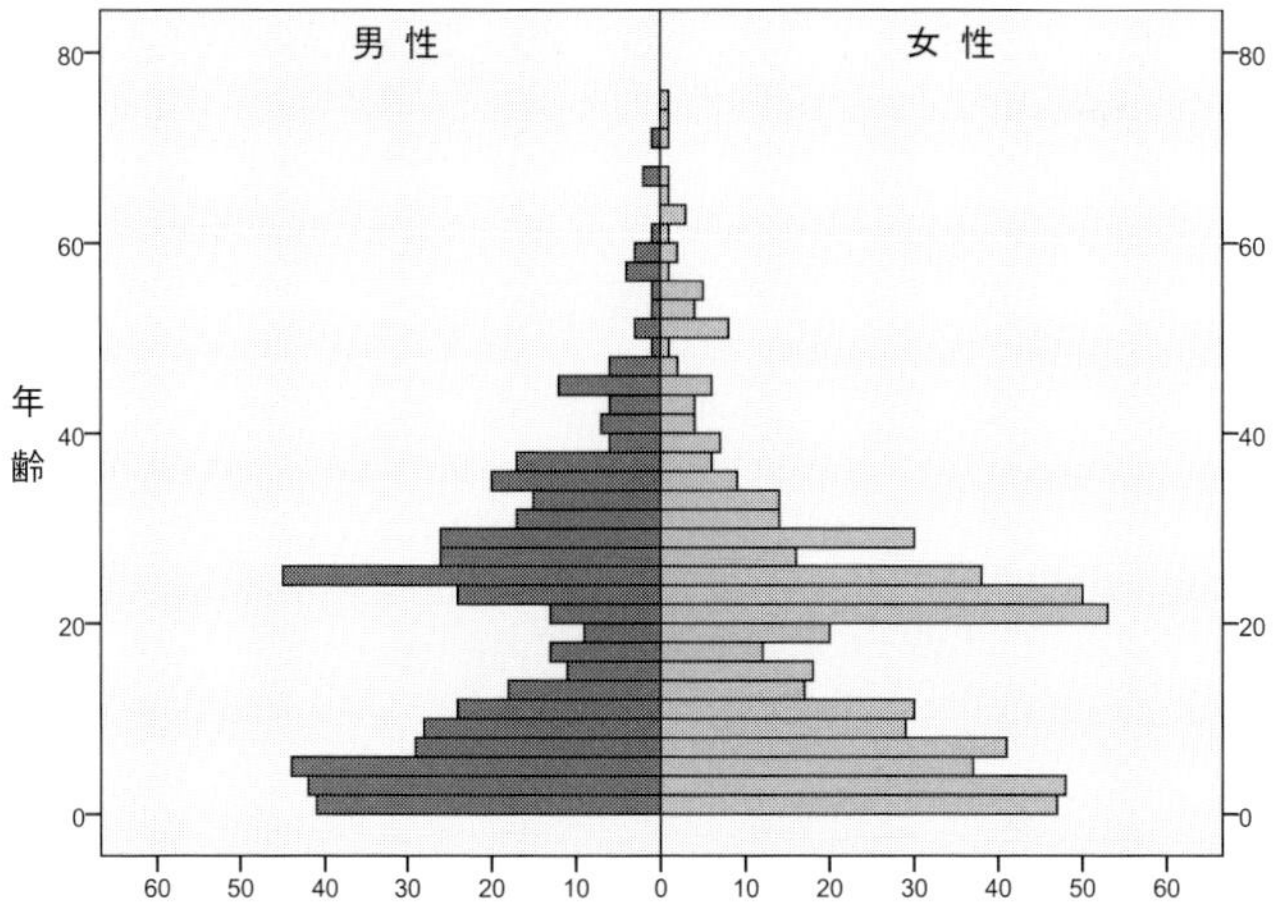

図２　Ａ島全住民の人口ピラミッド

聞いた島民のほとんどすべてが認めていた。漁業移民は、ケニア本土内陸農村部のルオ民族出身の者が多い。住民をそれぞれの集団に分類し、人口ピラミッドを先住者集団と漁業移民に分けたところ、先住者集団はおおむねきれいなピラミッド型（図3）を示したのに対し、漁業移民（図4）は20歳代、30歳代、およびその子息の世代に大きく偏っていた。漁業が島全体の年齢別人口構成にも影響を与え

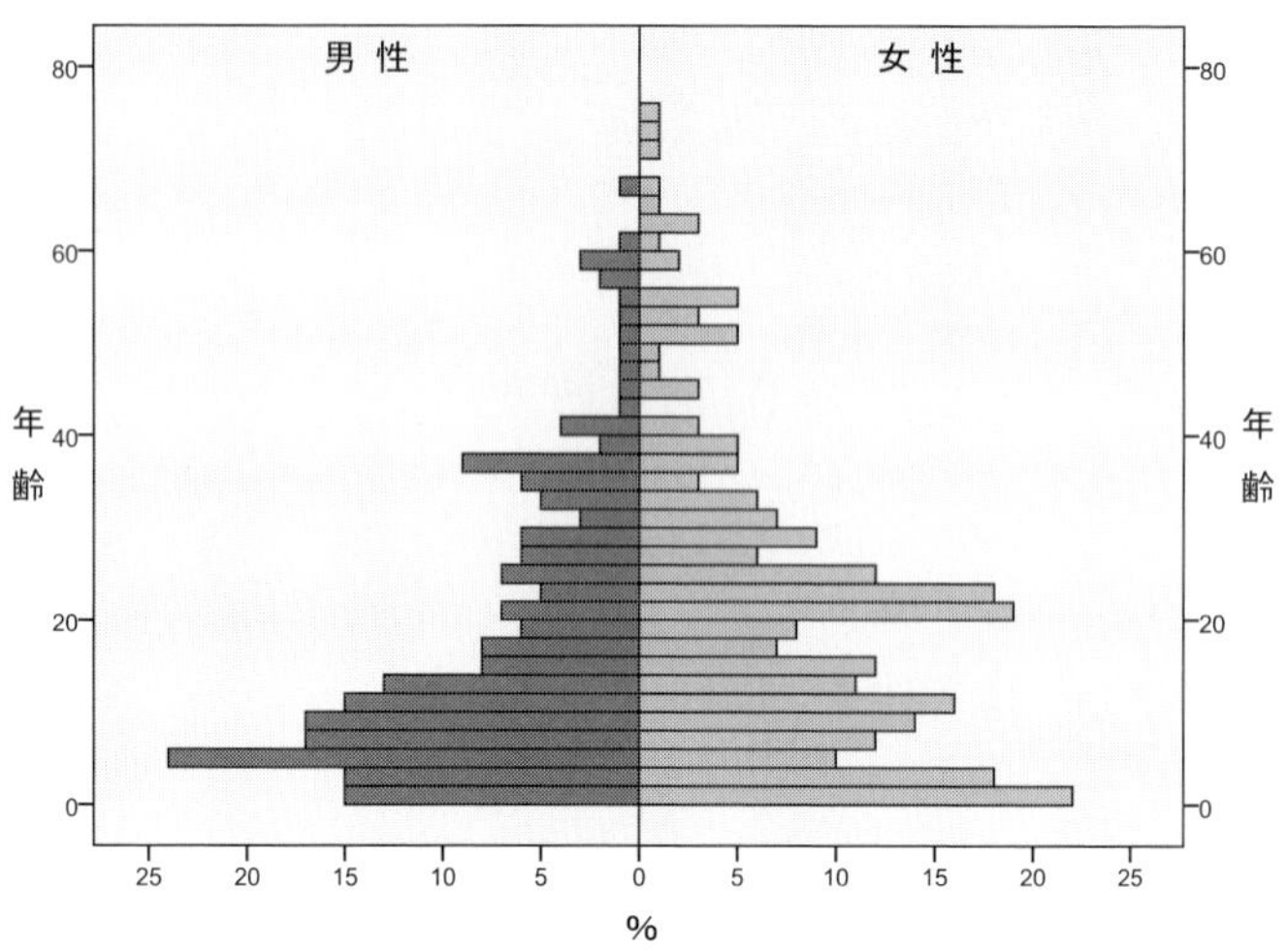

図3　A島先住者集団の人口ピラミッド

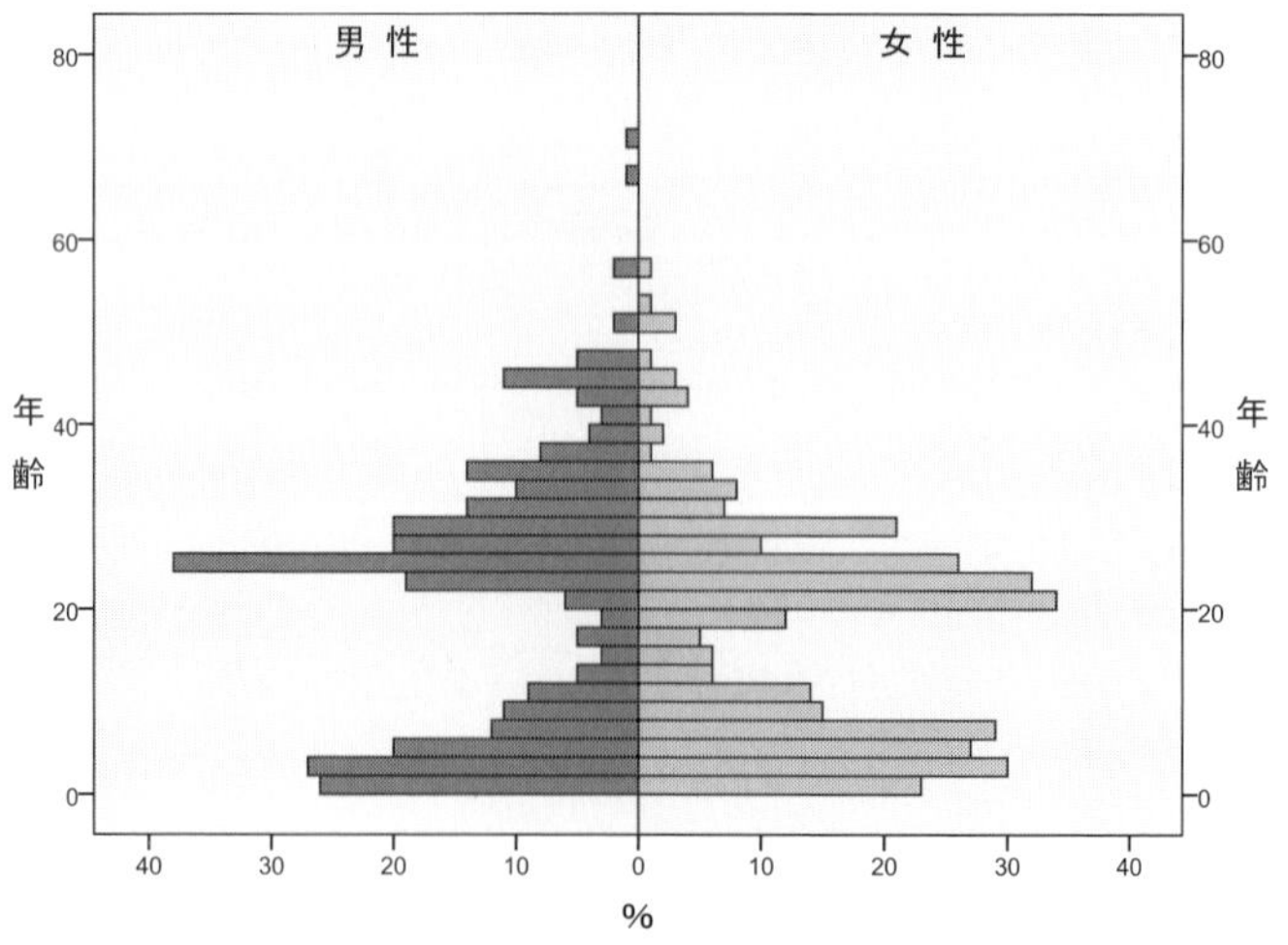

図4　A島漁業移民の人口ピラミッド

ていることがわかる。

漁業ブーム以前から島に住んでいた4リネージのうち、最初のリネージの祖は1920年前後に隣島からA島に移住してきた。続いて、1940年頃、1960年頃に他のリネージの祖が移住してきた。島の土地は、ほぼこれらのリネージごとに分割されており、最初に入植したリネージに割りあてられた土地が最も広い。島の行政の長も、最初に入植したリネージから選ばれている。なお、私が下宿した網元は、後から入植したリネージに所属する。土地占有面積が狭いからこそ、商才に長けた網元が積極的に漁を拡大し、島一番の網元に成長したのかもしれない。私が知りえた限り、漁業移民に漁船や漁網の所有は許されておらず、土地所有とともに漁業資本の所有もまた、先住者集団の特権である。

さて、島に最初に入植したリネージの家系図を図5に示す。A島は父系社会なので、これにしたがってリネージ祖からの父系人口拡大の様子をみると、リネージ祖の子の世代では29人の息子のうち、生殖年齢まで成長する前に死亡したのが10人であった一方、18人の息子が子孫を残すことに成功した。日本の統計値と単純比較できな

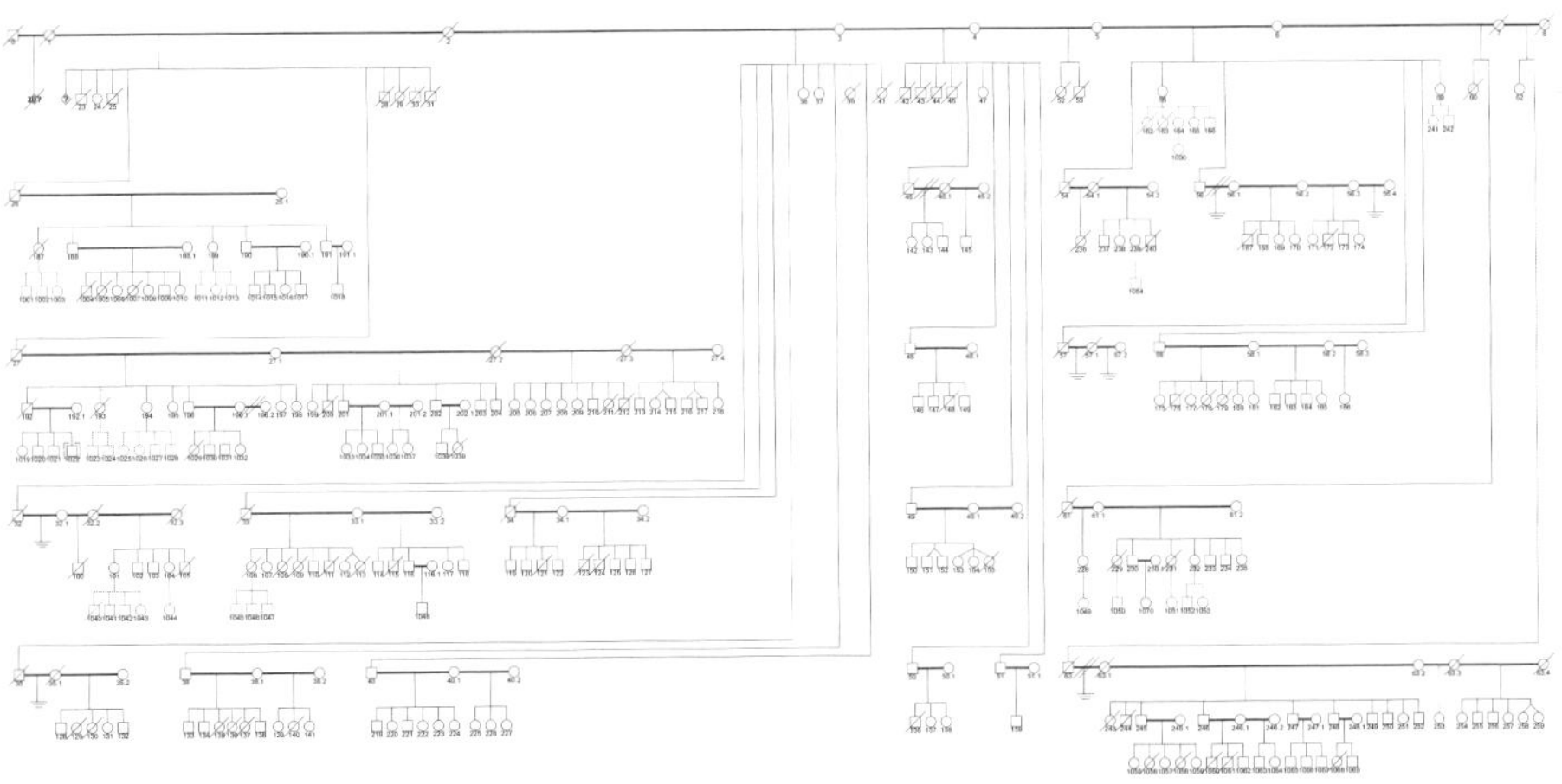

図5　A島で最初に入植したリネージの家系図

いことは承知のうえであるが、議論を単純化するため、あえて厚生労働省が公開している日本の平成24年男性簡易生命表を参考にすると、日本では男児１０００出生のうち15歳の誕生日を迎えるまでに死亡するのは約４・２人であり、リネージ祖の子の世代で、小児の死亡率がいかに高かったかを理解できるのではないだろうか。なお、インタビュー調査で、乳児期に死亡した者すべてを捕捉し家系図に含めることは困難であり、実際の「リネージ祖の子の世代の小児期死亡率」はさらに高かった可能性がある。男系孫の世代ではまだすべての者が生殖年齢に達しておらず、リネージ祖の子の世代と同様の議論は成り立たないものの、すでに41人の男子が男系子孫を残すことに成功している。この結果から、A島においては、依然死亡率の非常に高い状態が続いているのにもかかわらず、同リネージ内において人口爆発の生じていることが推測される。A島は全長約３km弱、中央部の幅１kmほどの細長い小さな島であり、人口が増えると土地が不足し、若い世代では結婚後も自分の屋敷を持てず、漁業移民が多く暮らす港近くの集落に住んでいる者も少なくない。漁業ブームに乗り、先住者集団社会においても、半農半漁の生活から徐々に漁業への依存が強まっているようであった。

島の生業や社会構成がしだいに明らかになってきたところで、疾病名に関する自由羅列法（フリーリスティング）を行い、医療に関する現地住民の認識を調査してみた。原因を知っている疾患名として、ほぼすべての回答者がエイズを挙げたが、同時に、治療不可能な疾患名としても、全回答者がエイズと答えた。一方、西洋医学で治療可能な疾患として、ほぼすべての回答者がマラリアと答え、腸チフスやアメーバ赤痢を挙げた回答者もいた。神経疾患や精神疾患、突然死などに関しては、伝統的文脈で病因を認識している例が多く見られ、いくつかの伝統的病名を記録することができた。西洋医学の病名と、伝統的文脈による病の認識が共存している状態は、アフリカにおける他の先行研究でも報告されており（たとえば Ahorlu, Koram et al. 2005 や Menaca, Pell et al. 2013）、A島も例外ではない。

（3）フィールドからの退却

ここまで調査を進めてきたところで、私はすでに大学院の4年目を終えようとしていた。まだ、数値データの統計解析と「質的研究」手法の融合により、「ケニア農漁村部の健康状態が依然として劣悪な原因を探る」という当初の目標を捨てきれずにいたが、医学系の大学院修了を最優先に考えるのであれば、ここで大きく方針転換し、ＨＤＳＳから得られたデータの解析に集中するべきだと悟った。ＨＤＳＳの実施を指揮していた金子 聰教授の全面的な指導の下、現在のマラリア対策の主軸の一つである長期残効型殺虫剤浸漬蚊帳（LLIN: Long-lasting insecticide-treated nets）の地域効果、すなわちLLINが地域全体のマラリア伝播を間接的に抑制し、蚊帳を使っていない人にもマラリア予防効果をもたらすという仮説の検証を行うことにした。詳しい結果は既発表論文（Komazawa, Kaneko et al. 2012）に譲るが、これをもって私のフィールド研究はいったん終了し、8年ぶりに再び日本での臨床業務に復帰することになる。

フィールドの経験を何に生かすか

医師は技術職であり、医師養成施設である医学部における教育は、職業学校の性格が強い。大学に実務家養成を求める昨今の風潮を考えると、職業学校であることはけっして否定的に考えるべきではないが、なかには医師国家試験対策に特化した授業を取り入れるなど、職業学校としての役割すら低下している医学部もあると聞く。一方で、どんなに高度に発達しようと、医療の根本は生身の人と人との関係である。患者の病気は科学的に説明できたとしても、患者それぞれの個人的背景を理解せずに医療を行うことはできない。いわゆる「全人的医療」の教育なくして、医学部は職業学校の役割を果たしたとはいえない。

私は、大学院在籍中の2009年から2011年にかけて、日本学術振興会ナイロビ研究連絡センターのセンター長として在任していた。この期間にさまざまな分野の研究者と交流し、センターを訪れるフィールド研究者たちの素養、観察眼、企画力、実行力に舌を巻き、やはり生粋の研究者は一味違うと常々感じていた。このなかで、医師の経歴をもつフィールド研究者が何を貢献できるか。研究成果で世の中に貢献できるよう努力すべきであるのは自明の理であるので取り上げないとして、ここではフィールドワークの「全人的医療」への貢献について少々述べたい。

「大病を経験した医者は名医になる」というような声を聞くことがあるが、これはすべての医師が経験できることではないし、また自分が大病を患うなど、できれば避けたいことである。私自身、幸か不幸か大病を経験したことはないが、1歳の娘が数カ月間入院し、入院先の病院が、小児の入院時に付添いを義務づけていたため、娘とともに私自身も病院に長く寝泊まりするという稀有な経験を得た。患者側に立って初めて経験した病院は、医療従事者側にいたときとは少々異なって見える。お互い長期入院者同士である同室者はしだいに家族同然の付き合いになり、それぞれの家庭の苦労が直に伝わってくる。各家庭の苦労は千差万別、みな何かを犠牲にして入院生活を送っている。病室では医師や看護師などの医療従事者への評価が話題になることも多く、その評価にはときとして辛辣な意見も含まれる。

医療従事者もまた患者の視線には日々注意しているが、その本音の部分に接することは容易ではなく、患者側の一員となって初めて体験できることも多い。たとえばインフォームドコンセントの書類。

近頃の病院では、あらゆることにインフォームドコンセントの手続きが必要とされ、数多の書類が患者に配布されるが、その多くは医療従事者が雑務の一環と考え、電子カルテの雛型そのままに流れ作業で作成されている。「どうせ形式的な書類だろう」と患者に思われていると初めから高をくくって書類が作成されている面もあるが、意外にも、これらの書類に詳しく目を通す患者が少なからずいることもわかった。

患者が医療従事者を見るこの視線、私がヴィクトリア湖の小島で経験した、現地住民が外部者を見る視線に、どこか似てはいまいか。前節で紹介したソーダの一件、マラリア研究者来訪の一件で感じた現地住民の外部者を見る視線が、病院における患者側の視線に重なる部分があるように、私は感じている。医療専門職が、医療の現場では自らが常に異なる視線にさらされていることを自覚し、患者の立場に立って物事を考える能力は、「全人的医療」の実践に欠かすことができない。立場や視点の違いについて身をもって体験することができるフィールドワークほど、この能力を身につけるのに適した場はなく、フィールドワークが「全人的医療」実践に貢献できるのではないかと私は考えている。

私のフィールド体験はほろ苦い記憶とともにある。大きな目標に挑んだ挙句の退却。島の人たちとは一生の付き合いだと考えていたのに、ここ何年かは身のまわりのことに精一杯で、短期間の訪問さえ実現できていない。島の人は私のことをどう思っているだろうか、散々あれこれ聞いていったくせに帰ってこないと恨んでいるだろうかと思いつつ、一方で、島の人も毎日の生活に精一杯で、私のことを思い出す暇などないのかもしれないと考えもする。あまりよい結果は出せなかったし、島での暮らしは不快な思いをすることも多々あったが、それでも島の人から教わったことは得難いものであり、このフィールド研究で私が得た多様な視点は、決して失われるものではない。

最近、フィールド調査中最も世話になった網元の第一夫人の訃報が入った。常に誇り高く、皆の尊敬を集めていたママに、この拙稿を捧げたい。

参考文献

大塚柳太郎・河辺俊雄・高坂宏一・渡辺知保・阿部卓（２０１２）『人類生態学』東京大学出版会.

Ahorlu, C. K., K. A. Koram, et al. (2005). "Community concepts of malaria-related illness with and without convulsions in southern Ghana." *Malaria Journal* 4.

Komazawa, O., S. Kaneko, et al. (2012). "Are Long-Lasting Insecticidal Nets Effective for Preventing Childhood Deaths among Non-Net Users? A Community-Based Cohort Study in Western Kenya." *PLoS ONE* 7 (11).

Menaca, A., C. Pell, et al. (2013). "Local illness concepts and their relevance for the prevention and control of malaria during pregnancy in Ghana, Kenya and Malawi: Findings from a comparative qualitative study." *Malaria Journal* 12 (1).

Riley, J. (2001). *Rising Life Expectancy: A Global History*, Cambridge Univeristy Press. 邦訳：門司和彦ら訳(２００８)『健康転換と寿命延長の世界誌』明和出版.

Vayda, A. P. (1983). "Progressive contextualization: Methods for research in human ecology." *Human Ecology* 11-3, pp.265~281.

10 ベンガルの農村で飲料水ヒ素汚染問題に向き合う

異分野の方法を取り入れて見えてきたもの

坂本 麻衣子
SAKAMOTO Maiko

なぜ飲料水がヒ素に汚染されているのか

バングラデシュとインドの飲料水のヒ素汚染問題を研究テーマにしているというと、「なんで向こうの人はヒ素の入った水を飲んでいるの？」という質問をされることが多いので、まずはその背景の説明から話を始めたい。

バングラデシュやインドの農村部の多くには水道などがなく、人びとは雨水や池や川の水、あるいは地下水を飲料水源としている。ガンジス川流域では、その地下水にヒ素が混入していることが１９８０年代に指摘されはじめた。なぜヒ素が混入しているのか、その原因はまだきちんと解明されていないのだが、上流の工場から汚濁廃棄物が流れ出た、というような人為的なことが原因ではなく、どうやら自然由来のもののようである。地中に含まれる他の元素と同じように、土壌の堆積過程においてヒ素を含む層が形成されたらしい。ヒ素に汚染された水を飲み続けると、皮膚病や皮膚ガン、内臓疾患などを発症する（写真１）。

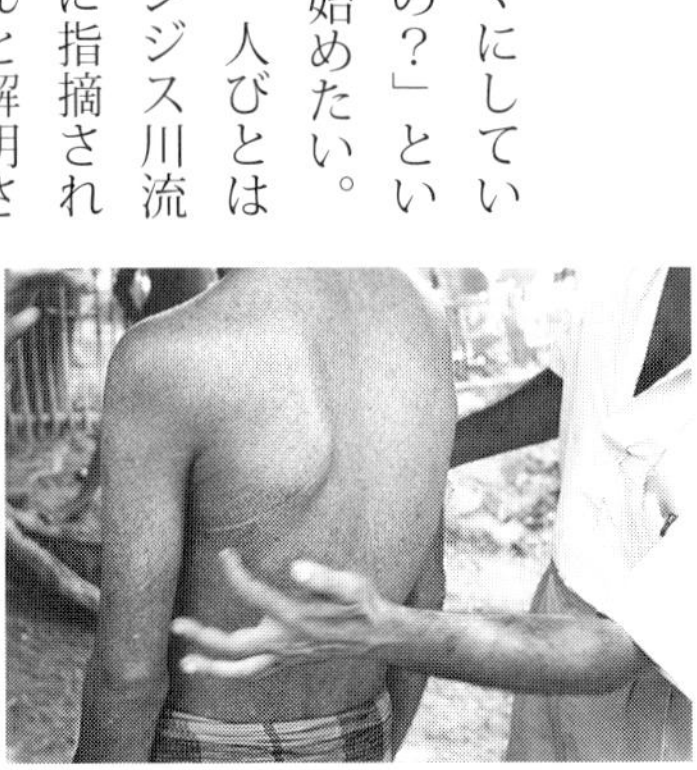

写真１　慢性ヒ素中毒の症状，ヒ素白斑黒皮症

農村部の人びとも昔から地下水を飲んでいたわけではなく、池や川の水のような表流水を飲んでいた。それがなぜ地下水を利用するようになったのか、ということを説明するためには、まずトイレの話をする必要がある。

開発途上国では、表流水が人の排泄物などで汚染されていたため感染症にかかる人が多数いる。とくに、まだ体の強くない乳幼児が感染症で死亡することが多い。これに対して、1960年代からWHOとユニセフは、医学的側面だけではなく、衛生工学の技術を利用した衛生環境の改善という側面からも、感染症の予防活動を始めた。導入された技術が、ピットラトリンという簡易なトイレである。ピットラトリンはコンクリートのリングを重ねて横から水が漏れないように一部をモルタルでコーティングし、土中に埋めたものである。現地で手に入る資材で、現地の人の技術で設置できる、という意味では、開発援助の理念に適っているといえよう。ピットラトリンをトイレとして利用し、どんどん排泄物を貯め、それが一杯になったら蓋をして新しいピットラトリンを利用する。蓋をして置かれたピットラトリンのなかではバクテリアが排泄物を分解してくれる。3～6カ月くらいたって、使用しているピットラトリンが一杯になったら、蓋をして置いておいた方を掘り返し、今度はそれを利用する、というように2基のピットラトリンを交互に利用する。掘り返された内容物は、バキュームカーで回収されたり、土壌改良剤として農地にまかれたりする。

ここまでの取り組みはとてもよいのだが、現地の人たちにとって排泄物を掘り返すことは風習的に好まれることではなかったためか、結局、ピットラトリンの適切な利用が根づかなかった。たとえば、中身が一杯になって溢れるのが嫌でピットラトリンの下部に穴を開けたり、一杯になったらそのまま開けっ放しで放置したり、などという状況が横行したのだ。さらには、例年のように起こる洪水でピットラトリンの中身が流れ出て、人びとが日常的に利用している貯め池に排泄物がどっと流れ込んでしまうというようなことがくりかえし起きてしまった。

結局、ピットラトリンの利用では政府が期待したほどには感染症の患者数が減らず、次なる対策として「井戸を掘って地下水を飲みなさい」ということになった。そして、政府やＷＨＯの主導のもとで、次々と井戸が掘られたところ皮膚がんを発症する患者が現れだし、調査の結果、地下水にはヒ素が入っていることが明らかになったのである。

これに対してバングラデシュでは、住民にヒ素の害を知らせたり、井戸のヒ素濃度を計って井戸を赤と緑のペンキで色分けして、安全な井戸がわかるようにするなどの対策がかなり大規模になされた（写真2）。インドでは、安全な深い井戸を掘ったり、ガンジス川から水を引いて水道をつくり水を供給する事業などが実施されているが、普及の速度は決して速いものではない。またインドではインターネットで井戸の検査結果などの情報が提供されているが、バングラデシュのように井戸をペンキで色分けするといった農村部の住民に対する直接的な働きかけは少なく、インターネットを利用できない住民はヒ素が何かということや、どの井戸にヒ素が入っていないかなどの情報を持ち合わせていないことがほとんどである。

こう書くと、バングラデシュの方が対策が進んでいるように思われるが、実際のところ、対策がなされればそれが速やかに住民の健康増進につながるかというと、話はそう簡単ではない。バングラデシュの農村部に行って、水汲みをする様子を見ていると、安全な遠くの井戸までわざわざ水汲みに行く人がいるかと思えば、わりと近くに安全な井戸があるにもかかわらず、家の傍らの汚染された井戸の水を汲んでいる人もいたりと、行動パターンが一様ではない。また、ヒ素が入ってはいないけれど

写真 2　井戸の水を汲む少年

も病原微生物に汚染されている表流水をろ過して飲めるようにする装置が導入されたところもあるが、住民に利用されずに放置されることが少なくない。結果として、ヒ素に汚染された水を飲む人はなかなか減らないという現状があるのだ。

自然由来ではない、人が引き起こす災害を人為災害（man-made disaster）という。ヒ素そのものは天然由来のものであるとしても、それが健康障害という結果に至るまでの経緯を見れば、バングラデシュやインドでの飲料水ヒ素汚染は人の過誤が幾重にも重なって表出した人為災害と呼ぶことができるのではないだろうか。

問題はいかに発見されたか

このような飲料水ヒ素汚染問題に私がどのように出会ったかというと、これがまったくの偶然だった。私が博士過程の学生だったとき、所属していた研究室にヒ素汚染の問題に取り組んで来たバングラデシュのNGOの方が客員教授として来られた。そのときに、ヒ素汚染問題の話を初めて聞いたのだった。最初はもちろん大変な問題だと思ったが、当時の私は別のテーマを研究していたこともあり、ヒ素汚染の問題を研究対象にしようとは思わなかった。ただ、研究室の後輩の卒業論文や修士論文を手伝うなかで、問題をより詳しく知る機会はあった。また、その客員教授の方にバングラデシュを案内してもらう機会があり、現地に行くことでヒ素汚染の問題の実情をさらによく知ったりもしたが、あくまでも、まだ私のなかでは「ふ〜ん」というレベルで、研究動機というようなものになるほど関心は強くなかったというのが正直なところであった。

転機が訪れたのは、知り合いの教授のお誘いでインドの西ベンガル州に現地視察に行くことになった2006年だ。西ベンガル州とバングラデシュは、もともと「ベンガル」というひとつの地域だった（図1）。1947年のインド独立の際に分離独立したパキスタンの東半分（東パキスタン）が現在のバングラデシュにあたる。この西ベンガル州にあるカリヤニ大学で開かれたセミナーに参加した際に、カリヤニ大学の先生と地方自治体の方の案内で、大学周辺の下水道処理施設や村の衛生環境などを見てまわった。すでにバングラデシュのトイレ事情を説明したが、インドの西ベンガルでも農村部での衛生環境や導入可能なトイレの状況は、バングラデシュの農村部とほとんど変わらなかった。

しかし視察した村のひとつに、衛生改善の自己啓発プログラムの結果、すべての世帯がすすんで自宅にトイレを導入した村があった。その村でのプログラムは表彰され、褒賞として太陽電池型の街灯が贈られたという（写真3）。家々のトイレをいくつか見てまわったが、確かに汚い感じはしな

図1　インドの西ベンガル州と
バングラデシュ
もとは「ベンガル」という一つの地域だった．

写真3　太陽電池による街灯

い（写真４）。それが、私にとって問題との出会いの瞬間だったと思う。

バングラデシュでもいくつもの村を訪ねてきたが、村のほとんどのトイレがきれいだったことなどなかった。しかもここでは、それがすべて住民の自らの意思で導入されたという話に、まるで奇跡だと思った。そして、村の経済状況・地理・地形・民族・言語などが同じで、距離もそれほど離れていない西ベンガルとバングラデシュで、いったい何がそんなに違うのだろうと強く疑問を抱くことになった。衛生環境改善に関する主体性がなぜ生まれたかという謎を明らかにできれば、バングラデシュで、安全な井戸を自発的に利用する人をもっと増やせるのではないかと考えたのだ。この瞬間が、これ以降、私がずっとかかわることになるヒ素汚染問題の研究のスタートであったといえよう。

ヒ素汚染問題というのは私の周りにはずっとあったのだが、それが研究のための問いという形で発見されたのは最初にヒ素汚染問題を知ってからずっと後のことで、いろいろな縁が重なって、ひとつの研究がスタートしたといえるのだ。

写真４　導入されたトイレ

学際的な研究のアプローチの必然性

（１）土木計画学とはどのような学問か

私の専門は土木工学だが、いわゆる橋やダムのような力学的なことではなく、社会基盤を導入する際の計画の部分を専門としている。何を、どこに、いつつくるか、ということを考えるのが主要な課題である。こうした分野を学界では土木計画分野と呼び、今ではこの分野に経済学・心理学・法学・デザインと、さまざまな学問が混在している。土木という分野が社会や人を前提にものをつくることを考える学問だからか、自然と学際的になったのではないかと思われる。

単純な合理化・効率化だけでは、世の中がよくならないことをわれわれはすでによく理解しているし、その時代時代でひとが幸せになるためのまちづくりを考えはするが、社会の変化は最近とくにスピーディーで、まちが抱える問題はそれぞれに山積みである。まちづくりなどの土木の仕事はそういう社会の問題に真正面から向き合わないといけないところが多い。たとえば、都市部での深刻な交通混雑、過疎地域での社会基盤施設の維持管理、災害時の独居の高齢者の避難などが、土木分野での時代を映す深刻な問題としてわかりやすい例だろう。いずれの問題も社会基盤整備というものづくりを通しての解決が第一に考えられる。こういった問題を本気で解決しようとすれば、土木という領域だけで閉じるはずもなく、したがって、土木計画学という学問分野は必然的にその学際性が増していっているのだろうと思われる。

（2）土木屋が文化を考えることの意義

ヒ素汚染の問題に戻ると、バングラデシュでは、ヒ素に関する意識啓発活動を実施したり、井戸を検査してペンキで塗り分けたり、井戸や池の水を濾過する装置を導入したりといったことがなされているにもかかわらず、未だにヒ素に汚染された水を飲み続けている人がたくさんいる。これは、援助の手が届かないからではない。何らかの代替水源が導入されて安全な飲料水を得るための術が身近にあり、かつ、ヒ素汚染の問題を知っているにもかかわらず、依然として問題は解決していないのだ。

開発援助では、このような、先進国の人びとがよかれと思ってしたことが現地の人びとに受容されないという開発援助の失敗の事例をしばしば耳にする。なぜ失敗するのか。それは文化や風習から来る価値観の齟齬によるところが大きいのではないかと私は思う。たとえば、われわれが非合理だと思う行為も、宗教や伝統や生活環境から、その行為をするのが合理的だと思われていることもあるわけだ。地域の規律や、空間スケール、時間スケールに対する感覚の違いなどは、とくに、ヒ素中毒のように十数年以上後にならないと症状がでないようなタイプの健康リスクに対する反応に大きな相違をもたらすように思われる。

しかしながら、せっかく導入する技術なら、使って欲しい。そうとなれば、彼らのニーズは何なのか、どうすれば使いたいと思ってもらえるのか、それを最優先に考えて技術を選択し、導入過程を計画する、という流れが文化の違う地域での土木計画として自然だろう。したがって、飲料水のヒ素汚染問題に対して、持続可能な解決案を土木技術の導入という形で提示するために、彼らの文化を理解する、ということを始めたのである。

(3) 文化人類学的な視点

まず、文化人類学との出会いがあった。

現地では、水汲みは女性の仕事だ。サリーを着てスカーフをかぶっていることからもわかるように、女性が知らない男性に見られることをよしとしない価値観がある(写真5)。そこで考えたのが、井戸に水汲みに行くときのルートでの見られやすさが女性に精神的ストレスを与え、利用する井戸を選ぶときの一つの要因になっているのではないかということだった。

写真5　水を運ぶ女性

「考えた」とはいっても、これを考えたのは私ではなく、当時、修士論文（福島２００６）を書いていた後輩が提示した視点である。これは納得のいく視点だったし、その後、ヒ素汚染問題に取り組んでいる文化人類学者が著書（谷２００５）のなかで同様のことを指摘していることも知った。そして、ちょうど同じ頃に、このような文化と人の行動といったことを扱う学問領域として文化人類学というものがあることをも知ったのだ。

私自身は、人がなぜその行動をするのかというところに長らく興味をもって、規範的な方法（ゲーム理論）で研究していたので、規範（ここではいわゆる経済合理性のこと）ではなく、文化が人の行動を規定しているという視点に魅力を感じたし、生身の一人の人間として説得力があると感じた。その頃から、私は人の行動を規範という眼鏡と、文化という眼鏡、二つの眼鏡で眺めるようになった。

文化人類学にもいろいろな類型があるという。応用人類学・医療人類学・観光人類学など、専門外の私が書くことではないが、基本的には文化の記述というところに学問上の目的があるようである。私の目的は文化の記述ではなく、文化を変数としてとらえようというところにあるから、そういう意味では、私が人の行動を文化という眼鏡で眺めているのは、あくまで文化人類学〝的〟な営みだということになる。

（4）建築学的な視点

以上のように、文化人類学という新たな視点を仕入れ、それをどのように研究に生かすべきかを考えはじめた。私はあくまで自分の工学という専門性こだわりたかったので、なんとか文化人類学的な観点を定量的に評価できないかと思うようになった。

そんな折に、たまたま、土木系の修士の学生が研究発表で話していたスペース・シンタックスという理論を知ることになる。スペース・シンタックスとは、建築の実務の分野で発展してきた理論で、家の配置や道路などの空間構成を分析するためのものである。都市において空間構成は人の動きを決定づけるとされ、都市構造の分析においては視認性が人の動きを誘導すると想定されている。実際に、ロンドンのナショナルギャラリーの増築案や、テムズ川のミレニアムブリッジの歩行者予測などにもスペース・シンタックスが用いられているという（日本建築学会編 ２００８）。

このような空間の視認性を解析できるスペース・シンタックスを用いれば、女性が水汲みをする際の精神的ストレスを定量的に評価できる可能性がある。そこで農村の空間の視認性を解析するために、まずは対象村の詳細な地図を作成した（図２、図３）。当時指導していた学生がＧＰＳを持って村をくまなく歩き、日本に帰ってから作成してくれた地図だ。それをさらにスペース・シンタックスを用いて視認性を解析すると、図４のような視覚図ができる（西川

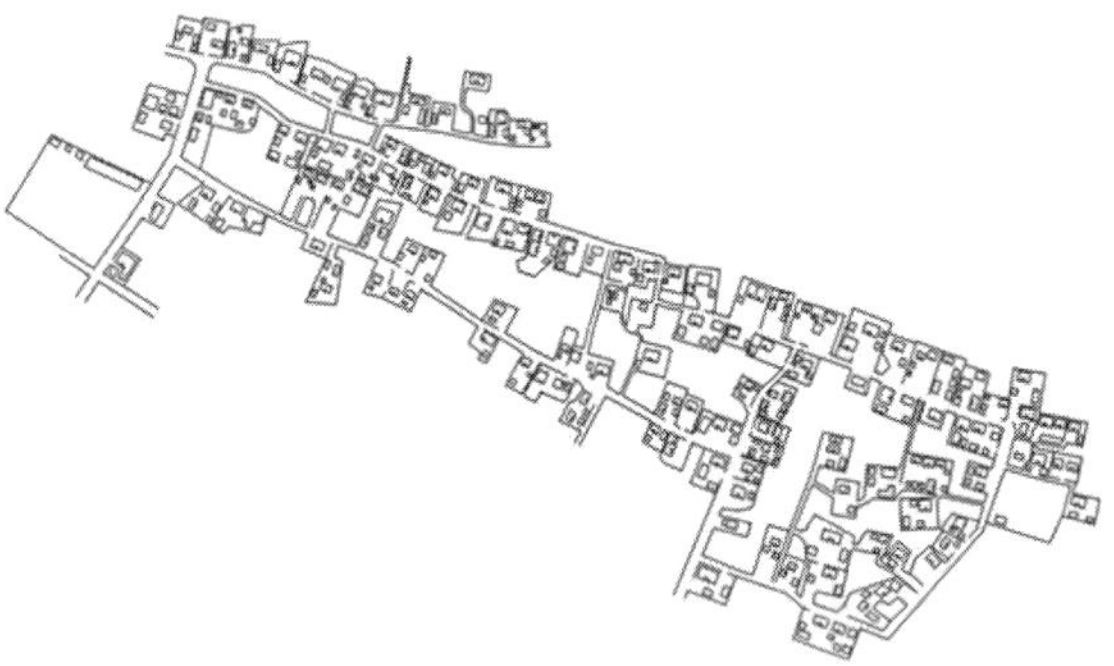

図 2　インドの調査対象集落の地図（家屋と道）

図 3　バングラデシュの調査対象集落の地図（家屋と道）

２０１０、田栗２０１１）。原図はカラーで表示し、暖色で示されている場所ほど視認性が高く、人目につきやすい場所であることを意味しており（図４では☆マーク付き）、寒色で示されている場所ほど視認性が低く、人目につきにくい場所であることを意味している（図４では破線の円付き）。

これを使って家から井戸までのルートの視認性が、水源の選択行動に影響を及ぼしているかどうかを、バングラデシュの対象村と、インドの西ベンガル州の村で比較分析をした。分析の詳細（坂本ほか２０１１）は割愛するが、視認性に関する分析結果として、バングラデシュのケースではルート上の視認性が低い方がその井戸は選択されやすく、インドのケースではルート上の視認性が高い方がその井戸は選択されやすいという逆の結果が得られた。また、インドのケースでは、遠い井戸ほど選択されないという結果となり、バングラデシュのケースでは、井戸の距離と選択行動には特段の関連はないという結果になった。

インドとバングラデシュで、たかだかひとつず

図４　視認性を解析した地図（インドの対象地域の例）
原図はカラー．右のスケールは，上（視界に入りやすい）が暖色系・下（視界に入りにくい）が寒色系．グレースケールではわかりにくいので，☆マークと破線の円で区別した．

つの村での分析にすぎないので、一般的にそういえるということはできないが、それでも視認性に関して まったく逆の結果が得られたというのは興味深い。同じ問題を抱える二つの地域において、同じ考え方で井戸を設置する場所を決めた場合、一方では人びとが導入された安全な井戸を利用してくれるが、他方の地域では逆に導入された安全な井戸はあまり利用されないことになるということを意味しているからだ。通常の開発援助主体は、効率性と公平性を考えて、できるだけ全世帯に対して同じような距離になるようなところに井戸を掘るだろう。その方法では多くの場合、広場のそばなどの見通しのよいところに掘られることになる。インドではそれでよいが、バングラデシュではいわゆる開発援助の失敗につながりかねないということになる。

それでも工学にこだわる

こういった分析を通して、より住民の方々に受け入れられ、失敗とならない計画を考えることをテーマとして研究をしてきているが、工学部でこうした研究を発表すると、それのどこが工学だ、といわれることがある。私自身は、人びとの生活改善をものづくりを通して実現する新しい方法の提案が工学の定義だと思っており、紛れもなくそのような視座のなかで研究をしているつもりである。工学の人間がやっている研究としてその価値をしっかり認識しほしいと思っている。なぜならば、そうした認識を広げることが工学の幅を広げることになると思っているからだ。

技術を振りまわすのは社会にとって益にならないどころか害になりうるということを、われわれは最近とみに実感している。それでもやはり、技術開発が生活をよくするための一番手であるのはまちがいないだろう。持続可能な社会をつくっていくための適切な技術を開発できるように、工学が変わることがとても重要なのではないかと思っている。

そこで、工学の研究としての価値を認識してもらうために、二つの方針を決めた。まずは、定量的な分析にこだわり、数字で白黒つけるという態度をできるだけ貫くこと。もちろん定量評価でも、とくにアンケートなどをやるときはかなり数値情報に曖昧さが含まれてしまうが、それでも定量的に示す方がとくに理系の人に対して説得力をもつ。また成果を積み重ねて具体的なものづくりにつなげようということからすると、やはり数値情報としてアウトプットを出すことが重要であり、定量評価にこだわろうと考えたのである。

もう一つは、研究成果にもとづいて、ものをつくること、あるいはものづくりにかかわること。実際に、助成金を得てインドの西ベンガル州の村に池の水を濾過する装置を建設した（写真6、写真7）。まだ研究仮説が検証されるほどの時間は経っていないものの、村の人びとがある程度の時間を経てもこの装置を利用し続けていてくれるならば、研究成果にもとづいて立案した計画はまちがってはいなかったということになる。計画研究の意義はこうして示されるので、研究成果にもとづいた実践は不可欠であると思う。工学分野にとってこの場合の「実践」は「ものづくり」であり、そして

写真７　設備の利用に関するルールを読む女性

写真６　女性用のシャワールームを設置した池の水をろ過する設備

土木工学にとっての「もの」は社会基盤である。

このような工学へのある種のこだわりは、私自身が工学部に在籍し教育を受け、また研究をしてきたという事実を大切にしたいからというところにある。新たな技術を開発するわけではないので、純粋な工学系の人たちから見れば何が研究成果なのかと思われるかもしれないが、それでもやはり私自身の研究者としてのマインドは工学にしっかりと根づいている。研究の中心がものであるのか、人であるのかが違うだけであり、私の意識がものづくりから離れることはない。つまり、人びとの生活改善を、ものづくりを通して実現する新しい方法の提案に貢献することが、私自身の使命であり、その研究がどれほど学際的に見えようとも、私のなかでは工学なのだ。

漠然と問いを持ち続けること

研究と実践の両立というのはなかなか難しい。実践をやり出すと現場の要求に対応するために山のような事務作業が押し寄せてくる。実践の事業が上手くいけば、相手国のパートナーからもっともっと要求される。上手くいっている事業を一時的にでも止めてしまうと、その後がなくなってしまいそうで怖い。こういうことに翻弄されていると、なかなか研究成果に結びつかないのが実情だ。そうかといって、研究ばかりしているのでは、「なんのための研究か」ということになる。

もっと早い段階で実践のための助成金の獲得に挑戦してもよかったのかもしれないとも思う。だが、なにしろ私が開発援助の失敗という轍を踏みたくない、満を持してやりたいという気持ちが強かったために、当初はじっくり調査研究をやっている時間がかなり長くあった。そのせいで、相手国のパートナーの方からは、まだ何もやらないのか、という感じで様子を伺われるし、住民はもっと露骨で、うろうろしたりアンケートばっかりで、何もくれないと直接不満をいわれたりもした。

それでもフィールドを単にうろうろするのは貴重な時間である。研究テーマや活動の目的がはっきりしてくると、逆に視野が狭くなるところがあるからだ。フィールドワークはあまり予定を詰めすぎないとか、自由時間の多い渡航計画を立てるとか、そういったことを意識的にやるのは有意義だろうと思う。

たとえば、農村部の町や村をうろうろしていると、夕方近くに家族が家でほっこり過ごしていたり、女の人が集まっておしゃべりをしている場面に出くわす（写真8）。ちょっと立ち寄るとお茶を飲んで行けと誘われたり、果物が出されたりといったようにもてなしてくれる。時間がゆっくりと流れていて、何だかとても豊かだなと感じるときがあるのだ。

写真8　くつろぐ女性たち

図3の視認性が高い場所にて.

もちろん、どこの町や村でも同じわけではない。だがそういうとき、私はなにをもって豊かと感じているのだろうか、とか、どこの村でもそれを感じるわけではないのはなぜなのだろうか、とか、そういう問いをもったりするのだ。そのような問いに対して、たとえばその地域が何かの資源に恵まれているとか、洪水の被害が今までほとんどない地形だから比較的家計が安定し続けているからとか、早急に答えを出そうとする姿勢も重要だろうとは思うが、今すぐに答えを出す必要がないのであれば、漠然とした問いという形でそのまま疑問を持ち続けておくというのもよいのではないかとも思う。その場で答えを出すということは、その時点での自分の枠組みで答えを出すことになるが、問いを漠然と持ち続けることで、それが自分の持っていない未知の枠組みと遭遇したときに、はっとして話が繋がることがあったりもするのだ。

つまり、漠然とした問いが、たまたま現れた新たな枠組みと遭遇し、自分自身がまったく思いもかけず、すっきりと整理されることがあるのだ。たとえば、私がスペース・シンタックスと遭遇したときがまさにそうだ。スペース・シンタックスは、もちろん、私の漠然とした問いに答える形で提示されたわけではなく、たまたま私のなかでつながったのだった。

私がフィールドで感じた「何か豊かな感じ」というのも、『懐かしい未来　ラダックから学ぶ』（ノーバーグ＝ホッジ、旧版書名は『ラダック　懐かしい未来』）という本を読んで、はっと整理された気がする。循環型社会が身の丈にあったサイズで徹底された社会にこそ幸福というものはあるのではないか、ということがひとつのメッセージとして記されている本だ。そのような視点との遭遇によって、私の問いは徐々に整理され、私が「何か豊かな感じ」を覚えた村と、そう感じることはなかった村では、循環型社会というところで相違があるのではないか、社会基盤はそれに対して何かしらの貢献をしているのか、幸福という状態をどのように評価しようか、など、しだいにリサーチ・クエスチョンがはっきりとしてくるのだ。こうして整理されてきた問いに答えるためには、純粋な土木工学という分野を超えたディシプリンが必要になってくるのは明らかである。

フィールドワークでは、調査の目的に沿って動きまわる合目的的な部分と、目的意識を忘れ感受性を開放して動きまわり、しかし感じたことはきちんと問いとして蓄えるという部分がある。その両方がそろったとき、本当に実りの多いフィールドワークになるような気がするのだ。

参考文献

坂本麻衣子・西川秀次郎・田栗勝悟・田中貴之（２０１１）ベンガル地域の飲料水ヒ素汚染問題軽減のための国際開発援助計画に関する比較研究、「水文・水資源学会誌」24-6, pp.348~359.

谷正和（２００５）『村の暮らしと砒素汚染――バングラデシュの農村から』（KUARO叢書）九州大学出版会.

田栗勝悟（２０１１）「ベンガル地域における水資源選択行動の意思決定過程に関する比較分析」長崎大学大学院生産科学研究科修士論文.

西川秀次郎（２０１０）「ベンガル地域における水資源行動特性に関する比較研究」長崎大学大学院生産科学研究科修士論文.

日本建築学会編（２００８）『都市・建築の感性デザイン工学』朝倉書店.

福島陽介（２００６）「バングラデシュにおける飲料水ヒ素汚染軽減のための計画論的研究」京都大学大学院工学研究科修士論文

ヘレナ・ノーバーグ＝ホッジ、同書翻訳委員会訳（２０１１）『懐かしい未来　ラダックから学ぶ』山と渓谷社（旧版は２００３年）.

11 マラリア研究をめぐるアプローチいろいろ

国際保健と人類学のツンデレ関係

増田 研
MASUDA Ken

２００８年４月、私が勤務する長崎大学に新しい大学院が誕生した。国際健康開発研究科。授与される学位は公衆衛生学の修士で、国際保健分野の専門家を育成することを目的としている。入学者の多くは医療系（医師・看護師・薬剤師）で、青年海外協力隊の経験者も多い。私はここで医療人類学を教えるだけでなく、大学院生の研究指導も担当することになった。国際保健の大学院が人類学者を招き入れ、研究指導までさせるのは日本では珍しい。私もやる気満々でこの新しい大学院の教育に参入した。

ただ、ひとつ問題があった。それは私が医療人類学者を名乗っていないことである。それどころか、社会開発の実務の経験もなく、国際協力に関することも一通りのことしか知らなかったのだ。参画している教員の多くは医学をバックグラウンドとし、人類学の何たるかを知らなかった。私はここで自分が依拠するディシプリンがいかなるものであるかを、エイリアンたちに逐一説明しなければならないという立場に置かれたのである。

理系と文系の違いか？

私がここで論じるのは、国際保健と人類学のツンデレ関係である。一方の主役は長期間のフィールドワークにもとづいて民族誌的記述を積み上げ、人類社会の文化の普遍性と多様性を論じてきた人類学。もう一方の主役は開発途上国における感染症の撲滅のために、その技術の確立と普及に努める国際保健。

両者はこれまでも、そして、いまでもツンデレな関係にある。人類学は国際保健をはじめとする開発事象を鬱陶しく思いながらも、心のどこかでは「ぼくのこと気にかけてほしいな」と思っている。国際保健にとって人類学は、「気になるけど、かかわり合いになると面倒なことになりそうなアイツ」である。それなのに、下手にデレつくと後で周りから何をいわれるかわからない、だからあんまり深入りしないでおこうという妙な斥力が、両者の間には働いている。

国際保健分野における人類学の存在感はまだまだ小さいが、しかし、このような人文・社会科学的な国際保健へのかかわりがないがしろにされてきたわけではない。それなのにツンデレ関係を保ったままなのは、カネや時間といった実際的な壁があって「深いお付き合い」に至らなかったことと、そしてより根源的には両者の「フィールドを見る眼」の隔たりに依るところが大きい。

ここでは熱帯の感染症であるマラリアを事例として、この病気に対するフィールドワークがそれぞれの関心の対象、研究の手続き、思考の道のりの違いによって別様に行われ、その知見の相互交流がうまく行われない背景を考える。

マラリアは熱帯および亜熱帯に広く分布する原虫感染症である。マラリア原虫はハマダラカという蚊によって媒介され、その主な症状は発熱である。２０１３年版のワールド・マラリア・レポートによると、世界保健機構（ＷＨＯ）が推計する罹患者数は最大でおよそ3億人、マラリアによる死亡数は年間およそ80万人である。ＷＨＯが策定するグローバル・マラリア・アクション・プランは、マラリア撲滅に向けて次のような目標を掲げている（抜粋）。

世界のマラリア死亡を２０１５年までにゼロに近づける
２０１５年までにマラリア罹患数を２０００年の数値の75％に減少させる
２０１５年までに10の国およびヨーロッパ地域でマラリアを撲滅する

ＷＨＯではこれらの目標ごとに細かな具体的プランを策定しているが、それぞれの目標は「ゼロにする」「75％に減少させる」のような数値目標である。ミレニアム開発目標においても、目標が達成されているかどうかを判定するのは、たとえば「殺虫剤処理済みの蚊帳を使用する5歳未満児の割合」といった指標による。国際保健分野は目標や指標の設定、達成の評価など、あらゆる面で数字が支配する「理系世界」である。こんな世界に人類学が参入したところでどのような貢献ができるというのだろうか。文化人類学は日本の公的な学問分類では人文学分野に含まれていて、哲学や文学の友達だと見なされているというのに。

国際保健分野に人類学は必要だと訴える医療系研究者がいないわけではない。しかしその発言が文化人類学のアプローチを理解したうえでのものかといえば、かならずしもそうではない。一般には未だに人類学者＝探検家のイメージがあるようで、現地にどっぷりと浸った生活を送れるタフな人びとであるとの幻想にしたがって賞賛の対象となるものの、数値的なエビデンスをもってくるわけではないし、むしろ主観的な記述でレポートを埋め尽くす人びとくらいに思われているフシがある。言い換えれば、おもしろそうだけど役には立たない感じ、である。

医学や公衆衛生学を主軸パラダイムとする人びとと、体験を通じてフィールドのリアリティーを詳細に追求する人類学者、という紋切り型の構図がここにはある。両者の間には学術的な交流がほとんどない。人類学者は「プロのアマチュア」「貪欲な雑学のプロ」として、必要に応じて政治だろうが経済だろうが、あらゆる学問との接点を持つことに躊躇しない。それにもかかわらず人類学者は保健分野・医学分野の人びとがどのようなことをしているのかを、あまり知らないのが実情である。人類学者が読むジャーナルには医学系のものはふつう含まれないし、よほど強い関心を持っていないかぎり読んでも理解できないからだ。医療系の人もまた、人類学者や社会学者が繰り出す文系的概念は理解できないというし、そもそも、理系の人たちは、記述の厚い民族誌など読まない。

国際保健の分野で人類学を「使ってもらう」には、まずこの相互の「食わず嫌い」な感覚を払拭する必要があるだろう。そうした努力のすえに「ツンケン」と「デレデレ」の理想的なバランス感覚が体得されると考えられる。

医療人類学は「使いもの」になるのか

(1) 社会開発のためのリサーチ

社会開発と称される分野において、それが対象とする主要な課題は貧困、教育、医療といった社会セクターの諸問題である。社会開発は人間であれば普遍的に保証されるべき権利を確保する、あるいは取り戻すための活動である。したがって、その目的そのものに対する社会的障壁は低い。「腹ぺこよりも腹一杯食えた方がよい」に決まっているし、「病気で苦しむよりも、健やかに暮らせる方がよい」という価値観に異議を唱える人はいないからだ。しかし、医療・保健開発においては、病気に関する価値観の対立や相克が国際社会の崇高な理想をはねのけてしまうことは充分にあり得る。

社会開発の主要課題のなかには、カネを注ぎ込めば当面の目標をクリアできそうなものがある。たとえば、5歳未満児の死亡原因の上位に「下痢」があるが、安全な水を充分に供給し、早急に医療機関に受診するように住民を啓発するということで下痢による乳幼児の死亡を抑えることは理論的には可能である。ただ、現実はそう簡単には進まない。たとえば「安全な水」を供給するにはたくさんの井戸を掘る必要があるが、利用されるかどうかは場合による。多くの利用者が見込まれない遠隔地には医療施設は建設されない。それがあったとしても、医薬品がそろうかどうか、住民がそれを利用するかどうかは「やってみなければわからない」。つまり、社会開発においては、どこでも通じる技術などないのである。

いわゆる社会開発の一部に位置づけられる国際保健において、広い意味でのフィールドワークが重視されていることは間違いない。アフリカのある地域で、マラリア撲滅プロジェクトが企画されたとする。まずは現状把握のためのベースラインサーベイが実施される。ここで得られた数値をもとに、その後の改善目標を立てたり、プロジェクトの実施計画が策定される。介入が実施される際にもいくつものリサーチがあり、終了時には評価のためのリサーチが実施される。すでに書いたように、こうしたリサーチは一種の「数字集め」である。統計こそが最強の武器であり、フィールドワークの計画も統計学の手続きとして不備や不足がないかどうかが気にされる。

数字を集めない医療人類学は、さて、何をしたらいいだろう。

（2）医療人類学の系譜

医療人類学を定義することは難しい。池田と奥野（２００７）によれば医療人類学は「医療や保健分野に焦点化した文化人類学の一分野」である。しかし、たとえば医療人類学を「人類学的手法による保健と医療の研究」というようにひっくり返して説明する人もいるだろう。いずれにせよ、人類学全体のなかではマイノリティであり、社会開発に肩入れしすぎるとその「実践指向」がうさんくささを醸し出す。他方で国際保健や医学にとって人類学は数字で語らない「およそ研究とは呼べないもの」だと思われる。

医療人類学の系譜を詳細に書くことはできないが、ここではおおむね（1）応用人類学、（2）儀礼・宗教研究、そして（3）文化精神医学の源流があることを述べておこう。

国際保健と人類学の出会いは、これら三つのうち第一の応用人類学の延長線上にあると考えても間違いではないが、私がいまここで論じている近年のかかわり方（ツンデレ関係）は、むしろこれら三つの源流がもつれたすえに表れた新しい局面だと考えた方がよさそうである。これを新しい局面というのは、国際保健という実践的な分野に関与することで、人類学が従来あまり気にしてこなかったことを意識的に行う必要が生じてきたからだ。

まず、人類学は医学・保健学にとっては異質な知見を積極的に突きつけ、その有用性や適用可能性を主張する必要に迫られる。そして後述するようなフィールドワークの方法論をめぐる溝を常に意識しなければならない。そしてなによりも、ホーリスティックなアプローチをとることを飲み込ませなければならない。

異なるディシプリンが協業する、あるいは、分業する局面においては、こうした継続的な模索のすえにどこかで落としどころを見つけなければならないのである。

人類学的な医療・保健研究の基本

人類学において、フィールドに接する際の基本的態度は文化相対主義と非・自文化中心主義である。この二つの「主義」をさしあたりの態度として担保しないと、人類学が国際保健の舞台に身を乗り出す意義が半減する。

だが同時に、この二つの「主義」が人類学あるいは人類学者に対する保健・医療セクターからの警戒心を誘発することも確かだ。

（1）文化相対主義

それぞれの文化にはそれぞれ固有の価値がある。したがって文化の価値は相対的にしか決定されない。このような文化相対主義的態度は、たとえば「精霊の怒りを買うとマラリアに罹るというような迷信とまともに取り合うような態度」として、医療セクターの反発を招きかねない。私は、ある医療系研究者が「文化みたいな余計なものがあるから、合理的な医療行動が取れないんだ」、だから「そんな迷信を調べて何になるのだ」と発言するのを聞いて唖然としたことがある。この点は非・自文化相対主義、すなわち「自文化基準を他にあてはめない」という態度ともかかわってくる。精霊とマラリアを因果関係で結ぶ思考は迷信かもしれないが、それを迷信だと断じる基準がどこかにあるのであり、その基準そのものを冷静に見極めながら異文化と接する、それを粘り強く訴えていくことも人類学の役割であろう。白川（２００８）は文化人類学のエッセンスともいうべき「自己相対化」こそが医療協力に対して文化人類学が担うべき重要な役割であると述べ、プロジェクトの企画段階や事後評価において有効であると指摘している。なぜなら国際保健の現場は異なる文化システムを理解し対話しなければならない、そういう場であるからだ。

（2）生物医学と民族医学

国際保健は生物医学（バイオメディスン），すなわち近代医学のみにもとづいた医療協力を推進している。松園と門司（２００８）は国際保健が「近代的な医科学のみに重点を置いた，あるいはそれのみによって健康水準を向上させよう，させることができるという信念にもとづいた国際医療協力の一形態」であるとして，生物医学モデルに偏重していることを批判し，そうしたモデルが適切にかつ有効に機能するための社会装置に着目することの重要性を指摘する。

私は２００９年にバングラデシュおよびケニアの，いずれもイスラームの影響力の強い地域に短期間滞在したことがある。バングラデシュではほぼすべての妊産婦が自宅で出産をする状況を調査する大学院生に付き合い，「モスクのスピーカーから流れるクルアーンが聞こえてこないところでは出産したくない」と語る母親たちを目にした。ケニアの北東州では別の大学院生がソマリ民族の医療行動を調査していたが，そこでは多くの母親が子どもの死を「神の意志」であると言い切った。生物医学モデルの医療協力は，予防接種を普及させ，保健施設を建設し，看護師を派遣し，保健ワーカーを育成し，知識の啓発活動を実施し，と

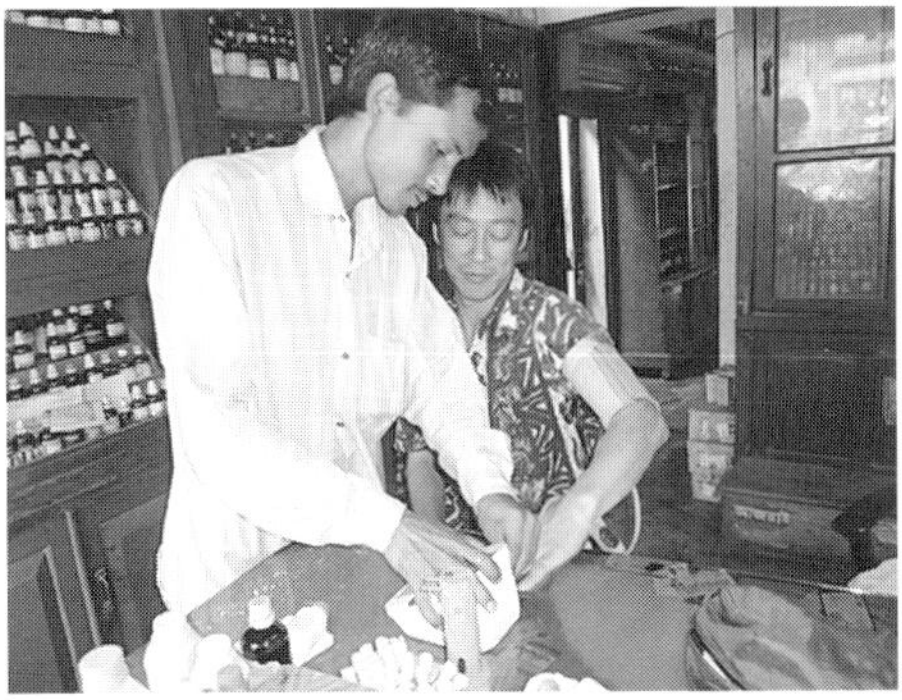

写真１　バングラデシュ，ロングプールのホメオパシー薬局で検査を受ける筆者

バングラデシュには近代医学，ホメオパシー，アーユルヴェーダ，ユナニ医学など多様な医療が並存しており，筆者はさまざまな病院，薬局で検診を受けてみた．代替医療として知られるホメオパシー薬局で頭痛と肩凝りを訴えたところ，まず日本のメーカーの血圧計を装着された．尾崎里恵撮影．

数多くの有益な活動を継続させてきた。これだけやっても住民が病院で出産しないのは、あるいは、病気になった子どもを病院に連れてこないのは何故か。そこには当該地域で病気や医療を解釈し受け入れるための一定の型があるのであって、そこに馴染ませることができないかぎり生物医学モデルだけを暴走させるわけにはいかないのだ。

医療人類学では日本語の一般表現でビョーキと表現される状態を、疾病、病い、そして病気の三つの概念に分けて考える。疾病（disease）は西洋近代医学によって定義される健康問題のことであり、いわゆる生物医学が病気と認定するところの病気のことである。病い（illness）は患者自身（とくに非医療者）が体験し理解する健康問題のことであり、文化や社会によってその表出のあり方は異なってくる。病気（sickness）はそれらの上位にある大くくりな概念である。人類学的に、ある病気（たとえば感染症）に関する地域特有の考え方を理解しようとしたら、そこで対象となるのは病い（illness）の方であり、生物医学の枠組みで理解するのは後まわしになる。

人類学的なマラリアへのアプローチ

（1）マラリア研究

国際保健の課題に、人類学的なアプローチがどのように作用するかということを考えるにあたって、ここでは代表的な熱帯感染症としてマラリアを取り上げる。マラリア研究というジャンルは多様多彩である。すでに述べたようにマラリアは原虫感染症なので、マラリア原虫や、それを媒介するハマダラカなどが調査の対象となる。ほかにも予防や治療のための薬、検査のためのキットの開発、効果的な蚊帳の開発と配付、知識の普及、対策プログラムの策定と実施、住民の治療希求行動など、マラリアに関する調査課題は多岐にわたる。マラリア研究の専門誌である『マラリア・ジャーナル』で２０１３年９月に公開された論文40数編のタイトルを瞥見するだけで、蚊帳のコストや分布、薬の効き目、臨床データ分析、マラリア分布の空間分析、蚊の卵など多様な研究が展開され、この分野が学問分野を横断していることがわかるだろう。そのなかで、辛うじて社会科学的なものを拾ってみると、マラリア対策プロジェクトにおけるヘルスワーカーの役割を論じたものや、期限切れした蚊帳についての住民の認識を問うものなど、数編に過ぎない。

だが、人類学は住民の行動、病因論、民族医学、感染症コントロールプログラムに対する現地の対応などを解明するのに充分貢献できるのであるから、マラリア研究における社会科学系学問のプレゼンスの低さ（あるいは自然科学偏重の風潮）は問題を宿していると考えるべきだろう。

（2）治療希求行動の調査

参与観察とインタビューを中心とした従来型の人類学的フィールドワークが感染症問題に取り組むにあたって、とくに貢献できる分野は医療多元論、すなわち多元的医療状況の記述と分析である。ある地域に複数の医療システムが並存し、ユーザーによって適宜選択されるような状況を多元的医療状況とここでは呼んでおく。腰痛が辛いのでまずは湿布を買い求め、鎮痛剤を飲み、鍼治療に行き、そののち整形外科に足を運ぶ、というような医療行動を可能にするのは、日本の医療状況が多元的だからである。

マラリアに関しては予防・診断・治療のいずれの段階においても、国際的に推奨される治療行動のスタンダードが明確にされている。国際的なスタンダードを受け入れるということは、言い方は悪いが「生物医学にひれ伏す」ことでもある。予防に関しては何よりも蚊に刺されないことが肝要であり、とくに夜間に活動するハマダラカから身を守るために就寝時には蚊帳を使用することが必要である。またマラリアが疑われる発熱症状をみた際には、24時間以内に速やかに診断を受けることが求められる。診断は採血した血液を顕微鏡で観察することによって行われるが、顕微鏡の設備や検査技師の養成が必要であり、人びとが地方都市や農村部で診断を受けることは難しかった。近年は迅速診断キット（ＲＤＴ）が普及したこともあり、以前に比べれば診断は受けやすい。また感染していることが判明したら、処方された薬を指示通りに服用することで治療することができる。

しかしながら、これら予防、診断、治療のいずれの段階においても国際的なスタンダードが満たされない、あるいは国際社会の期待通りにはならない状況は常にある。充分な数の蚊帳が流通していない、配布にムラがある、使い方が徹底されないなどの問題がある。診断についても、たとえば地域の保健施設に行きさえすれば迅速診断キットによる診断が受けられるものの、保健施設そのものがまばらにしかないので結局は診断を受けられない、などのケースがある。ミレニアム開発目標の達成のために各国が努力した結果、あるいは国際社会の支援のおかげで、たとえばアフリカ各国における保健施設の数は飛躍的に増加し、診断や薬の処方が無料で受けられるようになったところも多い。それにもかかわらずマラリアの撲滅にほど遠いのには、予算の問題、アクセシビリティーの問題、住民への知識の普及と啓発の問題など、数多くの解決すべき問題が横たわっているのは確かである。これらの問題は、一言でいえば社会経済的側面にかかわる問題である。

その一方で、マラリアの予防、診断、治療のいずれの面においても条件が整っていながら、それでもなお国際社会の描くとおりに目標が達成されないことはどこでもみられる。そこで着目されるのが地域特有の文化的背景、すなわち（多元的）医療状況の存在である。マラリアについての知識の普及が促進されても、その知識に在来の医療知識が接続され、新たな解釈が施されてしまっては国際社会が求める「生物医学への服従」が実現するわけがない。つまり医療文化の多元性、ひいては医療行動に文化が介在することはプロジェクトにとってはノイズと映る。それをノイズと受け取るか、あるいは、それを現地の脈絡のなかで理解できるようにするか、その態度の違いは社会開発の現場において大きい。

西アフリカのブルキナファソは、国民の死因別死亡割合でマラリアが45％を占めるほどのマラリア汚染国である。そのブルキナファソ中西部で住民の治療希求行動を調査した和田（２０１２）は、住民の間に発熱後半日から一日ほど様子を見て、そののちに薬草や常備薬による自家治療を試み、治らない場合に医療施設で受診するというパターンが多くみられることを発見した。また薬草については、女性は４日間、男性は３日間服用することが明らかとなったが、これは広く西アフリカにおいて４と３という数字がそれぞれ女性と男性のジェンダーに結びつけられているからである。こうした様子見と自家治療プロセスが時間を稼いでしまい、「24時間以内の診断」というスタンダードを満たせないでいるのだ。また、医療施設での受診と並行して、伝統的治療師の霊的な見立てによる診断を受けることもある。

投薬による症状の改善、完治をみた場合には、その発熱は「マラリア」だと認識される。

写真２　ブルキナファソ中西部ナノロ近郊の農村における聞き取り調査

人口動態調査によって死者が発生したことが判明し，とくにマラリアが疑われる場合には調査員が派遣され，発病から死亡に至る経緯の聞き取りが行われる．医学的な検査態勢が充分でない場所では，こうした聞き取りによる死亡原因の追究が欠かせない．

言い換えると、致命的なマラリアは住民にとってはマラリアではない。生物医学による説明が適用される範囲は、医療者によってではなく、住民によって定義されているのだ。

平野（Hirano 2011）はフィリピン、パラワン島の山岳民地域において、マラリアを含む発熱疾患の病因論と治療希求の関係を調査した。調査地では少なくとも14種類のマラリア病因が認識されていて、住民は一人あたり平均して2・4個の病因を回答している。なかには、「森のなかで精霊がいる場所に不用意に足を踏み入れてしまい、精霊を怒らせてしまうこと」とマラリアが関連づけられることもある。

図3　フィリピン，パラワン島の農村部で，健康教育を実施する男性看護師
感染症や妊産婦医療，栄養などに関する紙芝居形式の啓発活動が広く行われている．多言語環境化では，現地語による知識の普及が必要だが，それを実施できるだけの人材は地方ではなかなか見つからない．

発熱時には半数が家庭での解熱鎮痛薬（アセトアミノフェン）を使用した自己治療を行い、他の半数が儀礼職能者による診断と治療儀礼に足を運ぶ。それでも症状が改善しない時に住民は地域の保健施設に足を運ぶのだ。健康教育は広く実施されているうえ、蚊に刺されることとマラリア罹患の因果関係についても「知ってはいる」が、住民にとってはそれだけがマラリアではないということになる。

在来の医療知識（エスノメディスン）と外来の生物医学との関係は一様ではないが、このようにローカルの既存知識体系と健康メッセージが混合して新たな融合的知識体系が形成されることをハウスマン＝ムエラらはメディカル・シンクレティズムと呼ぶ（Hausman-Muela et al. 2002）。人類学的な国際保健へのアプローチでは、生物医療もまた多元的状況を構成するひとつの要素に過ぎない。生物医学にもとづいた知識と方法を受け入れるとは、受け取った知識を丸呑みすることではなく、既存の認識との間で調整しながら馴染ませていく創造的プロセスなのである。

（3）調査手法という異文化

フィールドを見る目、という本巻との関連でいえば、国際保健と人類学の関係は学問分野が異なることのみならず、むしろ、その調査手法の哲学や身のこなしの違いにその「ツンデレ関係」の基礎がある。端的にいえばその違いは量的調査をやるのか、質的調査をやるのか、ということであり、ディシプリンの違いを端的に反映しているともいえる。

国際保健の中心となる学問分野は公衆衛生学であり、疫学や統計学が主要な方法論として位置づけられている。そこで語られる「研究計画」では、まず先行研究から導かれる仮説が述べられ、それを検証するためのデータの「サンプルサイズ（標本の大きさ）」が議論の的となり、「解析方法」が検討された末に、「予想される結果」までが研究計画書に書き込まれる。調査はある程度の結果の予想がつく範囲内で実施されるが、そこにはあらかじめ「リミテーション（この研究の限界）」が記載されている。わかる範囲のことは徹底的に計画し尽くし、それ以外のことには「範囲外だからわかりません」とあらかじめ防衛ラインを引いておく。こんなスタイルの研究のどこに発見があるというのか。そうでなくても、こんな調査じゃちっともわくわくしないだろうに。と、私は当初、とてもネガティブだった。多くの人類学者は、フィールドで対面した人びとのことを「サンプル」とは呼ばないし、データの分析や解釈はしても「解析」はしない。

だが、よくよく考えてみると、これはデータの信頼性を担保し、研究の目的に沿った解析手法を慎重に検討して手順通りに調査するという、至極まっとうな科学的方法である。統計的な方法では、ひとつひとつの変数を数値化し、それぞれの変数間の共変関係を析出することで傾向を割り出す。たとえば、「マラリア罹患」変数と「教育歴」変数、それに「屋根の素材」変数を掛けあわせることで、「かやぶき屋根の家に住み、教育程度が低い人びとのマラリア罹患率は、トタン屋根の家に住む人びとよりも有意に高い」といった解析結果を取り出すことが可能になる。手順さえ踏んでいれば誰が調べても同じ結果になることを目指すという点では、統計的手法は科学的であり、その点では一種の職人芸的なフィールドワークによって事実を記述し、解釈を施す人類学とは大きく異なる。

国際保健分野においては、人類学的な方法論は「質的研究」と呼ばれる。定量的に測るのではなく、質を見るのである。ある村におけるマラリアの罹患状況の全体を見渡そうと考えれば量的に把握するのが適しているが、ひとつひとつの罹患のケースを詳しく知ろうとしたり、そもそもどのような治療が人びとによって実践されているのかを知りたかったら質の面からアプローチしなければならない。実際の調査の現場では観察とインタビューの実施が中心になるが、調査から記述までがパッケージされた方法論として人類学で重用されてきたのは民族誌（エスノグラフィー）である。

量的研究と質的研究は、たとえば社会学においては対立関係にあるとされてきた（佐藤ほか２００８）。一般に「社会調査」といえば量的調査が主流であり、その作業内容はアンケートと統計解析となる。他方で、社会学にはインタビューから会話分析にいたる質的研究の蓄積もある。どちらも社会学なのだが方法論が異なるので、一見すると同じ学問には見えない。同じことが国際保健にもいえるのだ。マラリアに関する問題は多岐にわたるが、それに対しては量的にも質的にも、疫学的にも人類学的にもアプローチできる。ただ、量的研究の方が主流であり、質的研究はマイナーである、と。

方法論の主流・非主流ということでいうと、たとえばサンプルサイズをめぐる理解の齟齬がある。

量的研究では、集めたデータから導き出された結果の代表性（その結果がその社会の全体傾向を代表していること）を担保するためには、一定以上のサンプルサイズを確保することが求められる。実際、国際保健分野における調査計画書のひな形には、サンプルサイズを記入する欄がかならずあるが、これはこの分野において量的研究が主流であることを物語っている。量的研究ではサンプルサイズ（これだけのアンケートを実施すれば代表性のある結果が得られるという標本の大きさ）を算出できるらしいが、質的研究では計算のやりようがない。「マラリアを罹患する」という結果（従属変数）に強く影響する要因（独立変数）を数値によって提示したい量的研究とはちがい、質的研究ではマラリアに罹患し診断をうけるプロセスや、そのことに関する人びとの理解、考え方、観念を記述したいのであるから、回答者母集団（n）の目標を定めることができないのである。

だが、必要とされるサンプルサイズを書き込まないことには調査の許可も下りないのであれば、しかたがない。経験的にはたとえば罹患のケースヒストリーを聞き取るとすれば、対象者は少なくとも5人、10人いれば充分で、30人もいたら多すぎるという「感じ」である。詳細なインタビューがたくさんあるのは結構だが、あまりに多いとその実施と文字起こし、データ整理で手一杯になってしまい、研究のための資料が欲しいのか、それとも資料集を作りたいのかわからなくなってしま

図4　ケニア北東州，ガリッサの保健室でのフォーカス・グループ・ディスカッション
「女性・既婚・出産経験あり」などのように，属性のそろった人びとを数人集め，大まかなテーマを設定して自由に意見を語ってもらうことで，調査のとっかかりとなるキーワードや概念を手に入れる作業.

うだろう。人びとが語るマラリア罹患と治療の経験はそれぞれ特殊で、個性があり、どれ一つとして同じものがない。オーラルヒストリーによる歴史の再構築をする場合などは、一人ひとりが語ることをピースと捉えてパズルを解くような作業をするが、治療行動を明らかにする場合にはむしろ、語れるストーリーのパターンや、そこに出現する要素に着目することになる。そして5人、10人と聞き取りを繰り返していくと、しだいに「新しい話」が出てこなくなる「あふれだし」の段階に達する。だが、いうまでもなく、どれだけの数のインタビューを実施すればあふれ出すのかは、やってみないとわからない。量的研究が主流の分野、あるいは、量的研究こそが研究だとされる研究分野において人類学的なアプローチをするには、異なるディシプリンという異文化と対面しなければならないのである。

人類学者は民族誌というやり方で研究するということ、それによってどんなことがわかるのか、どんなメリットがあるのか、ということをきちんと説明しなければならない。ということは、人類学の外部と接続可能なかたちでの議論の組み立てと結果の提示を模索しなければならないということである。

ツンデレ関係を冷徹に生き抜く

人類学的な国際保健へのアプローチにはいくつもの利点がある。すでに述べたような、事例を深く追究することによる質的な探究もさることながら、そうした現象を歴史と社会の文脈に適切に位置づける「文脈化」という作業も人類学の得意とするところである。既存の変数を調査してその共変関係を調べる傾向がある量的研究に対して、必要な変数、未知の変数を発見し提供することもできるだろう。こうした役割を自覚的にこなすことで、民族誌的なアプローチと、他のディシプリンとの協働・

分業・創発関係が築けないだろうかと考えるのだ。

調査方法の違いなどということは、小さなことに過ぎない。むしろ、何を知りたいのか、それを知ってどうするのか、ということの方を気にかけるべきだろう。「私は○○学者だから○○法での調査にしか興味がない」という人もいるだろうが、その○○法に強いこだわりを持つのであれば、「いろいろなアプローチがあるのはわかっているけれど、私がここで貢献できるのはこの方法でやることだ」というように、それがあくまでもオプションの一つであることを認識していることが重要だ。人類学もまた同様で、人類学的なやり方で貢献できることとできないこと、その違いには常に注意を払わなければならない。なぜならば、学問はそれぞれ得意技と苦手技をもつからだ。

量的研究は、得られた情報をいったん「量化・数値化」したうえで計算にかけ、その結果を日本語や英語に解読して提示するのであるから、私の考えでは、量的研究も広い意味での質的研究に含まれる。

数字で示せること、数字でしか示せないことは、数字で示してしまった方がいい。ただし、数字で全部示せると思ってはいけないし、数字で示せないことは学問ではないという偏狭な態度はむしろアカデミズムに反する。数字で示さない方法を選んだ者もまた、統計解析で埋め尽くされた論文を毛嫌いしないようにしなければならない。世の中に自分の知らない学問と方法があることを想像したこともない「究極のエキスパート」がいるとしたら、残念ながらフィールドワークには向いていない。

こう考えてみると、国際保健と人類学がツンデレ関係にあることは、それほど問題ではないのかもしれない。たとえツンケンされたとしても、それは、気にはしてもらっていることの証だと思えばいい。

参考文献

池田光穂・奥野克巳編（２００７）『医療人類学のレッスン――病をめぐる文化を探る』学陽書房.

佐藤郁哉・北沢 毅・古賀正義・鶴田真紀・稲葉浩一（２００８）質対量論争は終わっていない、北沢 毅・古賀正義編『質的調査法を学ぶ人のために』世界思想社、pp.203~228.

佐藤 寛・アジア経済研究所開発スクール編（２００７）『テキスト社会開発：貧困削減への新たな道筋』日本評論社.

白川千尋（２００８）国際医療協力における文化人類学の二つの役割、松園万亀雄・門司和彦・白川千尋編『人類学と国際保健医療協力』明石書店、pp.61~86.

増田 研（２０１２）国際保健分野における文化人類学的アプローチ――ローカルとグローバルの接合地点で調停役を買ってでる、「公衆衛生誌」59-3, pp.189~192.

増田 研（２０１３）数字の力、民族誌の力：国際保健分野における人類学の貢献、「Field＋（フィールドプラス）」（東京外国語大学アジア・アフリカ言語文化研究所）9, pp.4~5.

松園万亀雄・門司和彦（２００８）まえがき、松園万亀雄・門司和彦・白川千尋編『人類学と国際保健医療協力』明石書店、pp.11~15.

和田直美（２０１２）「ブルキナファソ村落部における マラリア治療選択とその文化的意味」長崎大学大学院国際健康開発研究科修士論文.

Hausmann-Muela, S., Ribera, J.M., Mushi, A.K., and M. Tanner (2002) Medical syncretism with reference to malaria in a Tanzanian community. *Social Science and Medicine* 55-3, pp.403~413.

Hirano, S.（平野志穂）(2011) Local etiology and treatment seeking for malaria and other febrile illnesses: A medical anthropological study of Palawan, the Philippines. 長崎大学大学院国際健康開発研究科修士論文.

編集後記

本書はFENICS「100万人のフィールドワーカーシリーズ」の第2巻である。

本巻と第3巻『共同調査のすすめ』および第4巻『現場で育つ調査力』は、フィールドとの距離の取り方や学問分野によって異なるスタンスを取り上げていて、その点でひとつのまとまりをなしている。シリーズ全体に言えることだが、とくにこの3つの巻に関しては、その企画と着想の背景にいくつかの研究プロジェクトがあったことを述べておきたい。

ひとつは東京外国語大学アジア・アフリカ言語文化研究所をベースに立ち上げられたフィールドワーカーのネットワーク「フィールドネット（fieldnet）」である。北は北海道大学から西は長崎大学まで、若手研究者の有志たちによって２００８年に立ち上がったこのネットワークでは、学問分野を超えたフィールドワーカーが主としてネット空間上で交流し、またときにはリアル空間においてワークショップを開いて議論を重ねた。参加者の学問分野は多種多様で、皆が、まさに本巻にあるような「見る目」の違いを体感するきっかけとなった。狭いディシプリンに飽き足らず、「異なる目」の魅力に飢えた者どもがそこに集ったのである。

そのフィールドネットの立ち上げメンバーのなかの数名（そのなかには本書の編者である椎野が含まれる）が、さらなる活動の展開を求めて新たに立ち上げたのが、この「100万人のフィールドワーカーシリーズ」にその名を冠するFENICSである。諸般の事情により一時休止されたフィールドネットからFENICSが生まれたことに、多くの関係者がPHOENIX（不死鳥）を思い浮かべただろう。

初代フィールドネットが実施したいくつかのワークショップのうち、編者の一人である増田が参加したのは２０１０年1月のことだった。長崎大学熱帯医学研究所（熱研）の一室で開催された一泊二日のワークショップには9名の発表者がいたが、そこで取り上げられたトピックは氷河、海面上昇、観光、植物、南極、水資源、海洋生態系、国際保健と、これでもかというほどバラバラである。共通するのはフィールドワーク、ただ一点のみ。それでも熱研セミナー室には研究者や学生が詰めかけてあふれんばかりであり、さながら学問的お見合いのようであった。

「学問的お見合い」は単なる比喩ではない。このワークショップはのちにFENICSへと続く重要な活力をあたえ、また、増田が主催することになる通称「融合研」の着想をあたえ、そして、参加者のなかにはこのワークショップで結婚相手（伴侶）を見つけてしまった人がいる！

このワークショップに刺激を受けた増田は、椎野とともに２０１０年7月、東京外国語大学アジア・アフリカ言語文化研究所に「社会開発分野におけるフィールドワークの技術的融合を目指して」（通称：融合研、平成22～24年度）と題する共同研究・共同研究課題プロジェクトを立ち上げた。人類学や社会開発といった分野にいくぶん限られたものであったが、多様な分野の研究者を呼び、フィールドワークの技術的側面のみならずその哲学的側面にも切り込んだ刺激のある研究会だったと思う。この研究会は3年で満期を迎えたが、その延長線上に他の研究会や学際的な調査プロジェクトが立ち上がったりしたから、これは発展的解消といえるだろう。

経緯の説明が長くなったが、本シリーズの第2巻から第4巻にかけては、こうした蓄積の末に生み出されたものだということを知っておいてほしい。

第2巻「フィールドの見方」は、学問分野によって異なる調査方法を主題としているが、その「見方」なるものは単に方法だけでなく、広く「現場とのかかわり方」や「学問の哲学」をも含む幅広い議論をカバーする。またテーマの必然性からか、執筆者それぞれのフィールドとの巡り会い、学問との出会いを振り返る記述が多くなった。本書を読み終えてみれば、文系理系を問わず、調査方法にかかわらず、すべての執筆者がフィールドでの人びととの出会いとやり取り、あるいは研究仲間と一緒にやっていくことの大事さに必ず触れていることに気づくだろう。地層から採取した物質資料の年代測定（國木田）しかり、海底から拾い出した（吸い上げた）陶磁器（野上）しかり、あるいは、厳寒の北極海でのサンプル収集（舘山）しかり、である。

本書が示すのは、単に「専門が違えば見方も異なる」「対象が違えば調査方法も変わる」という当たり前のことだけではない。個々のフィールドワーカーは、まずは何らかの問題意識を持って、あるいは手ぶらでそのフィールドに入り、そして「これだ！」というテーマを見つけ、探求の歩みを始めたとたんに限界にぶつかり、もがきながら次の一手を探し出す。結局のところ、課題発見、課題探求の歩みを止めるわけにはいかないフィールドワーカーは、塚原がいうような「ひとり学際」のようになるのではないだろうか。それは学究の徒としては、このうえなく幸せなことである。

そう、すべてのフィールドワークは既製品ではなく、特注品であるべきだ。たとえそれが、計画通りいかなくても、それはそれで独特な「見方」の反映なのであるから。

増田研・梶丸岳・椎野若菜

塚原《つかはら》 高広《たかひろ》　第 8 章執筆

1962 年生まれ，東京都出身．最終学歴：東京大学大学院理学系研究科博士課程単位取得退学の後，千葉大学医学部卒業．現在，法政大学大学院経済学研究科博士後期課程在学中．博士（理学），博士（医学）．
勤務先：東京女子医科大学．調査地：パプアニューギニア，マダガスカル．専門：国際保健学．
主な著作：論文　Austronesian origin of the 27-bp deletion of the erythrocyte band 3 gene in East Sepik, Papua New Guinea inferred from mtDNA analysis. *J Hum Genet*. 51:244-8, 2006 年，分担執筆『マハレのチンパンジー《パンスロポロジー》の三七年』（西田利貞・川中健二・上原重男編），京都大学学術出版会，2002 年．
違う見方をするとしたら何学者になったかも？：やはり動物を相手にすると思いますが，昆虫や魚の観察もわくわくします．そうしたら生理学者や発生学者になっていたかもしれません．

駒澤《こまざわ》 大佐《おおすけ》　第 9 章執筆

1976 年生まれ，奈良県河合町出身．最終学歴：長崎大学医歯薬学総合研究科博士課程修了．博士（医学）．勤務先：厚生労働省（長崎大学より出向中）．調査地：ケニア．専門：人類生態学，耳鼻咽喉科学．
主な著作：総説「Nodding syndrome に関する研究動向――症状，原因，治療――」（駒澤大佐，齋藤貴志）*JANES* ニュースレター 21: 7-12, 2014 年．共訳「健康転換と寿命延長の世界誌」（ジェームズ・ライリー著，門司和彦，金田英子，松山章子，駒澤大佐訳）明和出版，2008 年．
違う見方をするとしたら何学者になったかも？：気象学者（過去の気象データを見ているとすぐに時間が過ぎてしまう），天文学者（星を見るのが好き，天文現象に興奮する）．

坂本《さかもと》 麻衣子《まいこ》　第 10 章執筆

1977 年生まれ，神奈川県出身．最終学歴：京都大学大学院工学研究科博士課程修了．博士（工学）．勤務先：東京大学大学院新領域創成科学研究科．調査地：バングラデシュ，インド．専門：土木計画学．
主な著作：論文「社会調査と衛星画像解析の補完的利用によるバングラデシュ・テクナフ半島の森林消失要因の分析」（坂本麻衣子，谷 正和，森山雅雄）環境情報科学学術研究論文集 27:79-84, 2013 年．共著「コンフリクトマネジメント――水資源の社会リスク――」（萩原良巳，坂本麻衣子）勁草書房，2006 年．
フィールドで見つけたもの：人とか自然とかの力強い生命力を目の当たりにしたときの歓び．

國木田《くにきた》 大《だい》　　第 5 章執筆

1980 年生まれ，山口県美祢市出身．最終学歴：東京大学大学院新領域創成科学研究科．博士（環境学）．
勤務先：東京大学大学院人文社会系研究科附属北海文化常呂実習施設（執筆時）を経て，現在は同大学院人文社会系研究科附属次世代人文学開発センター．
調査地：北東アジア．専門：文化財科学，考古学．
主な著作：分担執筆『考古学ハンドブックス』（小林達雄編）新書館，『考古学がよくわかる事典』（國學院大學考古学研究室編）PHP 研究所．
フィールドで見つけたもの：「郷に入っては郷に従え」という価値観．

舘山《たてやま》 一孝《かずたか》　　第 6 章執筆

1972 年生まれ，北海道雄武町出身．最終学歴：北見工業大学工学研究科博士後期課程修了．博士（工学）．
勤務先：北見工業大学工学部社会環境工学科．調査地：北極海，南極海，オホーツク海．
専門：雪氷学，海洋物理学，衛星リモートセンシング．
主な著作：編著『流氷の世界（気象ブックス 38）』（青田昌秋著），成山堂書店，2014 年．分担執筆『新版 雪氷辞典』（日本雪氷学会 編），古今書院，2014 年．『図説 地球環境の事典』（吉崎正憲・野田 彰 他編），朝倉書店，2013 年．
違う見方をするとしたら何学者になったかも？：機械工学者でしょうか．昔からプラモデルやラジコンをつくることが好きでした．船や航空機の制作にあこがれます．

野上《のがみ》 建紀《たけのり》　　第 7 章執筆

1964 年生まれ，北九州市出身．最終学歴：金沢大学大学院社会環境科学研究科．博士（文学）．
勤務先：長崎大学多文化社会学部．調査地：アジア，中南米，有田，波佐見，長崎．専門：考古学．
主な著作：単著『近世肥前窯業生産機構論』雄松堂，2007．分担執筆『陶磁器からみた日・越交流』（櫻井清彦・菊池誠一編）柏書房，2002．『戦国時代の考古学』（萩原三男・小野正敏編）高志書院，2003．『地域の多様性と考古学――東南アジアとその周辺――』（青柳洋治先生退職記念論文集編集委員会編），雄山閣，2007．
違う見方をするとしたら何学者になったかも？：歴史に興味をもつ前はとにかく地図が好きでしたし，今でも放浪癖があるので，地理学者でしょうか．

【分担執筆著者】

奥山《おくやま》 雄大《ゆうだい》　第 1 章執筆

1981 年生まれ，大阪府吹田市出身．**最終学歴**：京都大学大学院人間・環境学研究科博士後期課程修了．博士（人間・環境学）．
勤務先：国立科学博物館筑波実験植物園．**調査地**：日本，北米，東アジア．**専門**：植物学，進化生物学．
主な著作：共編著『種間関係の生物学──共生・寄生・捕食の新しい姿』（川北 篤と共編，文一総合出版），監修『世界で一番美しい花粉図鑑』創元社など．
違う見方をするとしたら何学者になったかも？：どんな視点をもつにせよ，やはり生物学者になっていたでしょう．生き物を見つめるのに人の一生は短過ぎるとつくづく思います．

佐藤《さとう》 靖明《やすあき》　第 2 章執筆

1976 年生まれ，福島市出身．**最終学歴**：京都大学大学院アジア・アフリカ地域研究研究科博士課程単位取得退学．博士（地域研究）．
勤務先：大阪産業大学．**調査地**：ウガンダ．**専門**：民族植物学，アフリカ地域研究．
主な著作：単著『ウガンダ・バナナの民の生活世界──エスノサイエンスの視座から』松香堂書店，2011 年．『衣食住からの発見（100 万人のフィールドワーカーシリーズ第 11 巻）』（村尾るみこと共編）古今書院，2014 年．分担執筆『アフリカの料理用バナナ』（北西功一ほか）国際農林業協働協会，2010 年．
違う見方をするとしたら何学者になったかも？：農業にあこがれてアフリカに飛び出したので，農学者になっていた可能性があります．

大塚《おおつか》 行誠《こうせい》　第 3 章執筆

1981 年生まれ，千葉県出身．**最終学歴**：東京大学大学院人文社会系研究科．博士（文学）．
勤務先：国士舘大学非常勤語学講師．
調査地：ミャンマーと北東インド．**専門**：記述言語学．
主な著作：論文「ことばの現場は，どこにある？── ミャンマーの都会に生きる山岳数民族の言語」『Field+（フィールドプラス）』（東京外国語大学）No.7.
フィールドで見つけたもの：現地でさまざまな話を聞いて考え直す，自分の暮らす社会の良いところ，悪いところ．

【編者】

増田《ますだ》　研《けん》　　イントロダクション，第 11 章，編集後記執筆

1968 年生まれ，横浜市出身．最終学歴：東京都立大学（現 首都大学東京）大学院社会科学研究科博士課程社会人類学専攻，単位取得退学．博士（社会人類学）．
勤務先：長崎大学．調査地：エチオピア，ケニア，長崎．専門：社会人類学．
主な著作：論文「国際保健分野における人類学的アプローチ――ローカルとグローバルの接合地点で調停役を買ってでる」『公衆衛生誌』59-3，分担執筆『せめぎあう宗教と国家――エチオピア 神々の相克と共生』風響社（石原美奈子編）ほか．
違う見方をするとしたら何学者になったかも？：地図を眺めるのが好きなので，地理学者か考古学者になっていたかもしれません．

梶丸《かじまる》　岳《がく》　　イントロダクション，第 4 章，編集後記執筆

1980 年生まれ，西宮市出身．最終学歴：京都大学大学院人間・環境学研究科博士後期課程単位取得退学．博士（人間・環境学）．
勤務先：京都市立芸術大学日本伝統音楽研究センターほか．調査地：中国，日本，ラオス．専門：人類学．
主な著作：単著『山歌の民族誌――歌で詞藻（ことば）を交わす』京都大学学術出版会，共編著『世界の手触り――フィールド哲学入門』ナカニシヤ出版（佐藤和久・比嘉夏子と共編）．
フィールドで見つけたもの：トウガラシのおいしさ．ずうずうしさ．

椎野《しいの》　若菜《わかな》　　イントロダクション，編集後記執筆，シリーズ監修

1972 年生まれ，東京都出身．最終学歴：東京都立大学（現 首都大学東京）大学院社会科学研究科博士課程社会人類学専攻，単位取得退学．博士（社会人類学）．
勤務先：東京外国語大学アジア・アフリカ言語文化研究所．
調査地：ケニア，ウガンダ．専門：社会人類学，東アフリカ民族誌．
主な著作：単著：『結婚と死をめぐる女の民族誌――ケニア・ルオ社会の寡婦が男を選ぶとき』世界思想社，2008 年．編著『シングルの人類学 1　境界を生きるシングルたち』『シングルの人類学 2　シングルがつなぐ縁』人文書院, 2014 年．共編著：『セックスの人類学』（奥野克巳, 竹ノ下祐二と共編）春風社, 2009 年．共編著『フィールドに入る（100 万人のフィールドワーカーシリーズ第 1 巻）』（白石壮一郎と共編）古今書院，2014 年．
フィールドで見つけたもの：水のありがたさ．なくしたもの：シミのない肌．

【編者】
増田《ますだ》 研《けん》　長崎大学多文化社会学部勤務
梶丸《かじまる》 岳《がく》　京都市立芸術大学日本伝統音楽研究センター勤務
椎野《しいの》 若菜《わかな》　東京外国語大学アジア・アフリカ言語文化研究所勤務

FENICS（Fieldworker's Experimental Network for Interdisciplinary CommunicationS）

シリーズ全 15 巻監修　椎野若菜

FENICS は学問分野や産学の壁にとらわれずフィールドワーカーをつなげ，フィールドワークの知識や技術，経験を互いに学びあい，新たな知を生み出すことを目指すグループ（NPO 法人）です．フィールドワークをしている，フィールドワーク／フィールドワーカーに興味のあるあなたも FENICS に参加してみませんか？ まずは以下の Web サイトをたずねてみてください．登録して会員になると，フィールドワーカーから Web 上で，メルマガで，あるいはイベントで生の情報を得ることができます。下記の HP にアクセス！
http://www.fenics.jpn.org/

FENICS 100 万人のフィールドワーカーシリーズ　**第 2 巻**

書　名	**フィールドの見方**
コード	ISBN978-4-7722-7123-3
発行日	2015（平成 27）年 6 月 12 日　初版第 1 刷発行
編　者	**増田 研・梶丸 岳・椎野若菜**

装　丁	有限会社 ON　臼倉沙織　http://www.on-01.com
発行者	株式会社 古今書院　橋本寿資
印刷所	株式会社 理想社
製本所	株式会社 理想社
発行所	**古今書院**　〒 101-0062 東京都千代田区神田駿河台 2-10
TEL/FAX	03-3291-2757 / 03-3233-0303
ﾎｰﾑﾍﾟｰｼﾞ	http://www.kokon.co.jp/　検印省略・Printed in Japan

1 フィールドに入る　＊既刊（2014年6月）
椎野若菜・白石壮一郎　編

どうやって自分の調査地に入っていったのか？ アフリカの農村から北極南極の雪原まで、調査初期段階のエピソードを中心に紹介。現地の協力者と出会い、多くを教えられ調査地になじんでいく過程を描くシリーズ入門編。

2 フィールドの見方　＊既刊（2015年6月）
増田研・梶丸岳・椎野若菜　編

学問分野が異なれば、同じものを見ても、同じ場所にいても、同じテーマを扱っていても、考え方や分野の違いによってフィールドを見る眼が違ってくる。違いのおもしろさを発見し、研究の新たな可能性を探る。

3 共同調査のすすめ
大西健夫・椎野若菜　編

文理横断型の学際的な共同調査に参加することで、どのようなことに悩んだり苦労したのか、そして、どのような発見と自身の成長があったのか。フィールドワーカーの葛藤と飛躍を、共同調査の経験者たちが語る。

4 現場で育つ調査力
増田研・椎野若菜　編

フィールドワーカーの養成と教育がテーマ。初学者である学生に関心をもってもらうための工夫、専門家養成のためのさまざまな試みを披露する。調査技術の体系的伝授が先か？ それとも現場力や行動力が重要なのか？

5 災害フィールドワーク論　＊既刊（2014年9月）
木村周平・杉戸信彦・柄谷友香　編

被害軽減という社会的な課題のために、狭い分野にとらわれない多様なアプローチが災害調査には求められる。さまざまな分野のフィールドワークを見渡すとともに、災害の地域性を考えていく。

6 マスメディアとの交話
椎野若菜・福井幸太郎　編

研究成果を発信するとき、フィールドワーカーはマスメディアとかかわりをもつ。メディアに対して、どのようなスタンスをとればよいのか？ 報道の結果に対して調査者たちはどのような意見をもっているのか？

7 社会問題と出会う　＊近刊（2015年秋）
白石壮一郎・椎野若菜　編

調査をすすめていく過程で、その地域の社会問題と向き合わざるをえなくなったとき、フィールドーワーカーは何を感じ、どう行動したのか？ 調査を通して社会問題が姿を変えながら浮上する局面を生き生きと伝える巻。

8 災難・失敗を越えて
椎野若菜・小西公大　編

予期せぬ事態にどう対応したのか？ フィールドワーカーたちは、想定外の事件に遭遇したり、命の危険があるほどの失敗があっても、現場に対処しながらくぐりぬけている。今だから語れる貴重な体験談がおもしろい！

9 経験からまなぶ安全対策
澤柿教伸・野中健一　編

天変地異、病気、怪我、事故、政変、喧嘩など、予期せぬさまざまな危険からどう身を守るのか。「予防」と「対策」をテーマにした実用的な巻。個人レベルから組織レベルまで、安心安全のための知識と方法と教訓が役立つ。

10 フィールド技術のDIY
的場澄人・澤柿教伸・椎野若菜　編

現場での調査観測は、必ずしも予定通りに進まないことが多い。また思わぬ事象、現象、資料に遭遇することもある。想定外のチャンスを、現場で、また研究室でどのようにものにしたのか。その苦労、工夫を紹介する。

11 衣食住からの発見　＊既刊（2014年6月）
佐藤靖明・村尾るみこ　編

現地の衣食住とかかわることで、思いがけないプラス効果やマイナス効果に出会う。その先に、次なる展開がまっていることも。衣食住をきっかけに、フィールドワーカーが成長し、研究テーマを深めていく過程を描く。

12 女も男もフィールドへ
椎野若菜・的場澄人　編

ジェンダーとセクシュアリティがテーマ。女性の苦労、男性の苦労、妊娠・出産・子育てしながらの調査、長期の野外調査と家庭の両立など、フィールドワーカーの人生の試行錯誤が語られる。

13 フィールドノート古今東西
椎野若菜・丹羽朋子・梶丸岳　編　＊近刊（2015年8月）

情報化が進み、世界中のデータがデジタル化される現代にあっても研究者は手書きで記録を取っている。フィールドでの記録の手法を学際的に比べることで、フィールドノートのさらなる発展を期することを目指している。

14 フィールド写真術
秋山裕之・小西公大　編

写真撮影を上達したいフィールドワーカーのために、一眼レフカメラによる写真撮影の基礎から、フィールドでの撮影条件を意識した主題を的確に描写するためのテクニック、芸術性の向上につながる写真術について概説。

15 フィールド映像術　＊既刊（2014年12月）
分藤大翼・川瀬慈・村尾静二編

映像についての理論編、制作編、応用編からなり、フィールドワーカーが映像を活用するにあたっての注意点から、現地の人びとととともにつくる映像、自然・動物を相手にした映像まで分野を横断したフィールド映像術。

＊ 2015年6月時点の既刊は5冊です
1巻・5巻・11巻　定価2600円＋税
2巻・15巻　定価2800円＋税

FENICS
Fieldworker's Experimental Network
for Interdisciplinary CommunicationS

100万人のフィールドワーカー シリーズ

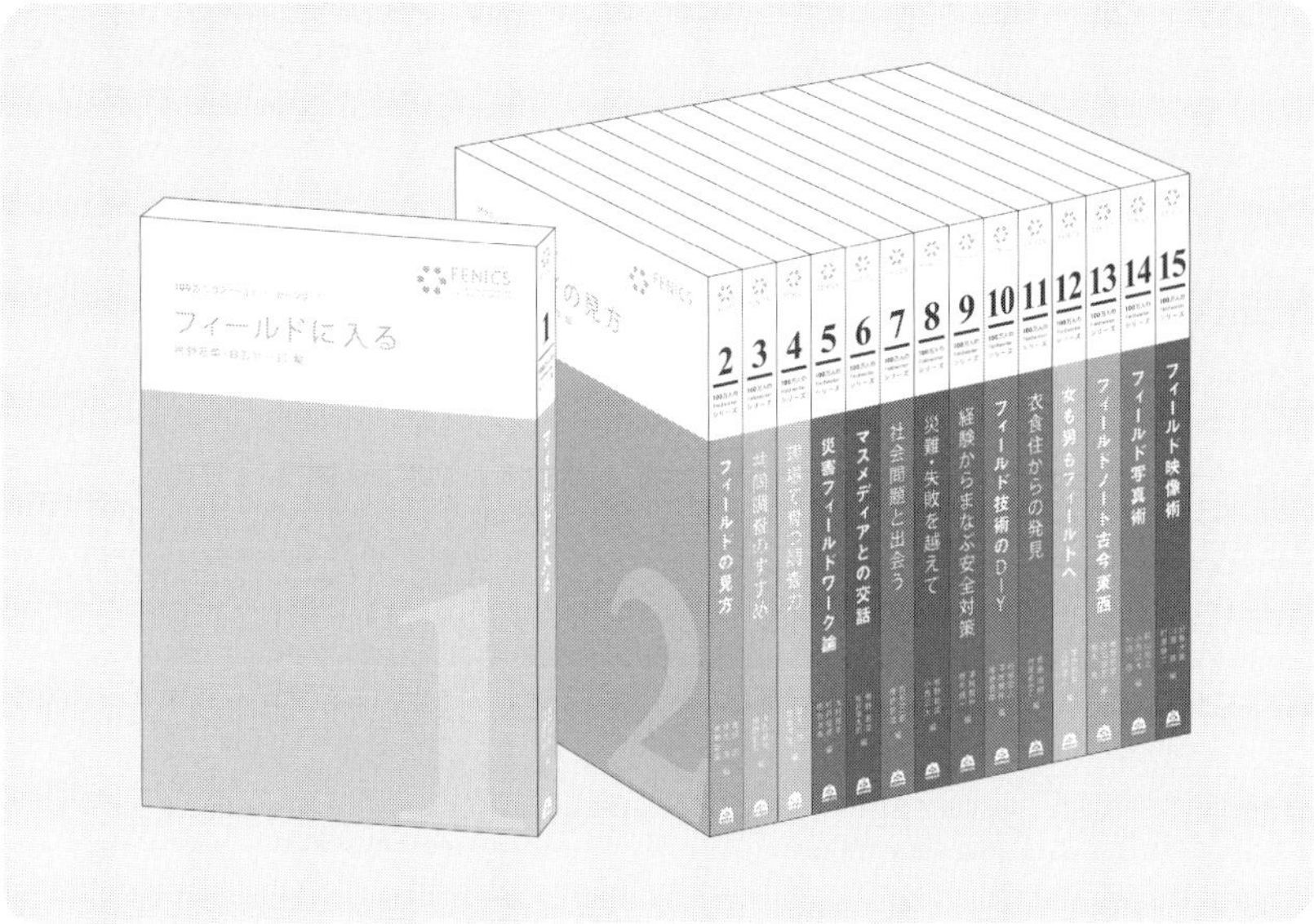

既 刊

第 1 巻	フィールドに入る	本体 2600 円＋税	2014 年 6 月配本
第 11 巻	衣食住からの発見	本体 2600 円＋税	2014 年 6 月配本
第 5 巻	災害フィールドワーク論	本体 2600 円＋税	2014 年 9 月配本
第 15 巻	フィールド映像術	本体 2800 円＋税	2015 年 1 月配本
第 2 巻	フィールドの見方	本体 2800 円＋税	2015 年 6 月配本

今後の刊行予定

第 13 巻	フィールドノート古今東西	2015 年 8 月刊行予定
第 7 巻	社会問題と出会う	2015 年 10 月刊行予定

既刊のご紹介

第5巻 災害フィールドワーク論　2600円＋税

木村周平・杉戸信彦・柄谷友香編　2014年9月刊行

● 被災地を訪れる人、災害調査にかかわる人におすすめ！

東日本大震災・新潟中越地震や新潟豪雨・雲仙普賢岳・阪神淡路大震災・インド洋大津波など被災地を調査で訪れた研究者が、何に悩み、何に驚き、どのように現地や人々の要請に対応していったのか。調査者のメンタリティを描いたフィールドワーク論。地震学・火山学・活断層研究から、社会学・文化人類学・災害復興・都市計画まで、多くの分野の専門家が、各分野の調査方法をまじえて、被災地で感じた諸々を語り、現地の人々や社会に貢献する道をさぐる。災害調査・現地見学・ボランティア・被災地支援に訪れる人におすすめの内容。

Part1：試行錯誤しながら考える（柄谷友香、澤田雅浩、木村周平、林 能成）

Part2：現場を記録し、次につなげる（佐藤翔輔、田中 聡、大矢根 淳）

Part3：地域の個性から災害を理解する（杉戸信彦、嶋野岳人、饗庭 伸、山本博之）

【分野】防災科学、地震学、火山学、地形学、古地震学、地質学、科学技術社会論、災害情報学、都市計画、防災計画、災害復興計画、災害社会学、文化人類学

第15巻 フィールド映像術　2800円＋税

分藤大翼・川瀬 慈・村尾静二編　2014年12月刊行

● 撮影から上映まで、調査に映像・動画を用いる人におすすめ！

文理あらゆる分野で、野外調査に映像・動画は急速に普及している。どんなときに、どのような映像を用いると効果的か？　さまざまな分野での実践報告が紹介しながら、映像を学術調査に導入するときのコツ・意外な効能、注意点や失敗談を描く。学術調査に映像が導入された歴史的・理論的背景をレビューした第1章は、この分野の基本文献として貴重。

Part1 理論編：フィールドにおける映像の撮影（箭内正）、学術映像の制作にむけて（村尾静二）

Part2 制作編：博物館映像（藤田良治）、バイオロギング（渡辺佑基）、霊長類調査への活用（座馬耕一郎）、インターバル撮影（湖沼生物：田邊優貴子、気象：中村一樹）、民族誌映画の作成と公開（川瀬慈）、ドキュメンタリー制作（小林直明）、映画祭への参加（伊藤悟）

Part3 応用編：写真・映像から展示をつくる（高倉浩樹）参加型映像制作（分藤大翼）、8mmフィルムのアーカイブづくり（松本篤）、機材選びに役立つ情報（森田剛光）

Part4 座談会：映像が切り拓くフィールドワークの未来

【調査事例】北極海（博物館映像学）、南極（生物学）、タンザニア（霊長類学）、エチオピア（映像人類学）、北海道（雪氷学）、シベリア（社会人類学）、カメルーン（文化人類学）大阪（メディアの社会学）

既刊のご紹介

第１巻　フィールドに入る

2600円＋税

椎野若菜・白石壮一郎編

2014年6月刊行

● 自分の調査地との出会いを描く！

自分の調査地をどのようにして選んだのか。調査に通いだした頃、何に苦労したのか。どんな工夫をして乗り越えたのか。フィールド調査の出発点ともいえる、調査地との出会いの物語。従来の野外調査法であまり描かれてこなかった、調査初期に必要とされる工夫や心構えを多面的に紹介した内容。これから調査を始める人に役立つ、シリーズ第1回配本。

【主な内容】居候から始める（白石壮一郎）、漁の仕事を手伝う（関口雄祐）、現地ガイドとのかかわり（竹ノ下祐二）、調査地選びの難航（福井幸太郎）、探検家と一緒に犬ぞりに乗って（的場澄人）、少年時代からの夢（澤柿教伸）、カメラマンとして住まう（丹羽朋子）、協働を生み出す（小西公大・門田岳久・杉本浄）、二人の調査助手との饗宴（梅屋 潔）、パフォーマーになる（大門碧）、移民の一家と過ごす（稲津秀樹）、フィールドの家族と友人（椎野若菜）

【調査事例と分野】ウガンダ（文化人類学）、和歌山（動物行動学）、ガボン（霊長類学）、ロシア（自然地理学）、グリーンランド（雪氷学）、南極（氷河地質学）、黄土高原（フォークアート）、佐渡島（社会人類学、民俗学、歴史学）、神戸（社会学）、ケニア（社会人類学）

第11巻　衣食住からの発見

2600円＋税

佐藤靖明・村尾るみこ編

2014年6月刊行

● 調査中の日常を生々しく描いた、衣食住のエピソード！

インフラが未整備な調査地で、現地の衣食住にどのように適応していったのか？　失敗や驚きの経験を活かし、フィールドワーカーはいかに成長し、現地により深くかかわっていったのか？　ときに苦労しながら、失敗しながら、過酷な環境に直面しながら、フィールドワーカーはどのように研究をすすめていったのかを描いた、魅力的なストーリー12話。

衣の話題：服を仕立てる（遠藤聡子）、一枚の赤い布（中村香子）

食の話題：失敗をきっかけに（大橋麻里子）、酒が主食の農村で（砂野 唯）、乾燥地の食事調査（石本雄大）、南極の食事（阿部幹雄）、難民の衣食住（久保忠行）

住の話題：自分の家を建てる（村尾るみこ）、紛争地帯の暮らし（佐川 徹）、極寒の衣食住（菅沼悠介）、森での生活（藤本麻里子）、サンゴ礁の人工島の暮らし（里見龍樹）

【調査事例】アマゾン、エチオピア、ザンビア、ブルキナファソ、ケニア、南極、サヘル、タンザニア、タイ、ソロモン諸島